30 Anos da Constituição da Cidade

Programa de Pós-Graduação de Direito da UERJ

Congresso Nacional de Direito da Cidade

22 e 23 de outubro de 2018

Instituto de Direito Administrativo do Rio de Janeiro (IDARJ)
Rua México nº 119 10º Andar Centro Rio de Janeiro RJ
academico@idarj.com.br

Institutas

Editor-Chefe:
Emerson Affonso da Costa Moura (UNIRIO/UFRRJ)

Conselho Editorial:

Adriana Schier (UFPR)
Alexandre Santos de Aragão (UERJ)
André Saddy (UFF)
Cristiana Fortini (UFMG)
Emerson Affonso da Costa Moura (UNIRIO/UFRRJ)
Emerson Gabardo (UFPR)
Fabricio Macedo Mota (UFG)
José Carlos Buzanello (UNIRIO)
José dos Santos Carvalho Filho (FEMPERJ)
Manoel Messias Peixinho (PUC/UCAM)
Maria Sylvia Zanella Di Pietro (USP)
Mauricio Jorge Pereira da Mota (UERJ)
Patricia Ferreira Baptista (UERJ)
Thiago Marrara (USP)

Política Editorial:

Consulte o foco e escopo das publicações, as condições de submissão e o processo de avaliação, a política de ética e as diretrizes de boas práticas na publicação, bem como, a política de privacidade e a licença dos direitos autorais no endereço:

www.idarj.com.br/publicacoes

Emerson Affonso da Costa Moura
Marcos Alcino de Azevedo Torres
Maurício Jorge Pereira da Mota

30 Anos da Constituição da Cidade

Anais do I Congresso Nacional de Direito da Cidade

Institutas
Rio de Janeiro
2018

Categoria: Direito da Cidade

Produção e Diagramação: Instituto de Direito Administrativo do Rio de Janeiro

O editor não se responsabiliza pelas opiniões emitidas nesta obra por seu Autor.

CIP-BRASIL. CATALOGAÇÃO-NA-FONTE

Anais do I Congresso Nacional de Direito da Cidade (10. : 2018 : Rio de Janeiro)
30 Anos da constituição da cidade / [organizadores Marcos Alcino de Azevedo Torres, Maurício Jorge Pereira da Mota ; coordenação Emerson Affonso da Costa Moura]. -- 1. ed. -- Rio de Janeiro : Institutas, 2018.

Vários autores.
ISBN 978-65-991806-5-1
1. Cidadania 2. Constituição 3. Desenvolvimento regional 4. Desenvolvimento sustentável 5. Direito à moradia - Brasil 6. Direito urbanístico 7. Políticas públicas 8. Política urbana I. Torres, Marcos Alcino de Azevedo. II. Mota, Maurício Jorge Pereira da. III. Moura, Emerson Affonso da Costa.

21-64931

CDU-361.61

Sumário

ARTIGOS, TESES E TRABALHOS

BRASÍLIA, UMA CIDADE DEMOCRÁTICA PARA A DEMOCRACIA

Ana Luiza Lacerda Amaral[1]

Jefferson Carús Guedes[2]

RESUMO: Neste trabalho, a partir da perspectiva da cidade política (ou pólis contemporânea), faz-se um estudo sobre Brasília, sede do governo federal. A questão principal levantada é quão democrática a capital do Brasil é, ou seja, se a participação popular na conformação político-espacial da cidade é realmente efetiva. Instrumentos normativos que respaldam a participação da população no desenvolvimento urbano serão elencados, bem como foi feita uma análise da elaboração do Plano de Preservação do Conjunto Urbanístico de Brasília. O objetivo é demonstrar a real capacidade de articulação entre os principais atores envolvidos no processo de democratização da cidade de Brasília.

PALAVRAS-CHAVE: Cidade, Democracia, Participação Popular,

[1] Arquiteta e Urbanista pela Universidade de Brasília, concluinte do curso de Direito pelo Centro Universitário IESB e mestranda em Direito Urbanístico pelo Centro Universitário de Brasília - UniCeub.
e-mail: naluamaral@gmail.com
[2] Doutor e Mestre em Direito Processual Civil (PUC/SP).
Professor da Graduação, Mestrado e Doutorado do UniCEUB – Brasília.
Advogado.
e-mail: professor.carusguedes@gmail.com

Brasília.

ABSTRACT: In this work, from the perspective of the political city (or contemporary polis), a study was made on Brasília, seat of the federal government. The main question raised is how democratic the capital of Brazil is, or, in other words, whether popular participation in the political-spatial conformation of the city is really effective. Normative instruments that support the participation of the population in urban development will be listed, as well as an analysis of the preparation of the Preservation Plan of the Urban Development Complex of Brasília. The objective is to demonstrate the real capacity of articulation between the main actors involved in the democratization process of the city of Brasilia.

KEY WORDS: City, Democracy, Popular Participation, Brasilia.

"A cidade emite e recebe mensagens."

(LEFBVRE, 2008, p. 68)

INTRODUÇÃO

Hoje, a maior parte da população mundial se encontra em áreas urbanas. De acordo com relatório da Organização das Nações Unidas, 54% das pessoas estão vivendo em cidades e há a previsão de que esse valor chegue a 66% em 2050[3]. No Brasil, esse valor é bem maior,

chegando a 84,4% o número de brasileiros que habitam áreas urbanas[4].
As relações interpessoais, econômicas e políticas são, portanto, vivenciadas, em sua maioria, neste cenário recente, mas não inédito, de conformação do espaço. A cidade possui, portanto, um papel crucial, podendo ser facilitadora ou não dessas relações.

Compreender o conceito de cidade enquanto aglomerado humano e local da atividade social e política é o primeiro passo para desvendar o seu papel no mundo contemporâneo. O significado de cidade é multifacetado, podendo ser dado a ele uma conotação social, econômico, político ou jurídico. Para Raquel Rolnick (1995, p. 20), esse conceito é visto a partir de quatro ângulos: a cidade como imã; a cidade como escrita; a cidade como mercado; e a cidade políticas (a *polis* grega ou a *civitas* romana). O foco deste trabalho é a cidade política contemporânea, porém, é importante frisar que todos esses aspectos são imbricados, exercendo influências uns nos outros.

Já a compreensão filosófica do que é a cidade, feita por Henri Lefbvre (2001, p. 51), suscita a ideia do espaço como a projeção da sociedade sobre o local, um plano específico, percebido e concebido pelo pensamento. É o local dos confrontos e das relações entre desejo e necessidade, entre satisfação e insatisfação. Atualmente, a cidade moderna é o centro das decisões, não sendo um lugar de interações passivas, pois o próprio meio urbano é interventor de diversas relações.

---

[3] Dados obtidos no sítio: < https://esa.un.org/unpd/wup/Download/ > (visitado em agosto de 2018).
[4] Dados do Censo 2010, IBGE.

Pela perspectiva jurídica de José Afonso da Silva (2012, p. 24), o significado de cidade se desdobra em três concepções: uma concepção demográfica, uma concepção econômica e uma concepção de subsistemas. A primeira está relacionada à grande concentração de pessoas. A segunda, apoiada na doutrina de Max Weber, abarca a ideia de assentamento humano voltado para as relações mercantis, que propicie o desenvolvimento econômico. A última corrente considera a cidade como um "conjunto de subsistemas administrativos, comerciais, industriais e socioculturais" (SILVA, 2012, p. 26).

No Brasil, adota-se a última corrente, sendo uma característica marcante das cidades brasileiras "o fato de serem o um núcleo urbano, sede do governo municipal" (SILVA, 2012, p. 26). Portanto, a cidade política é uma prática cotidiana para os brasileiros, intrinsecamente ligada ao atual regime de governo brasileiro, o regime democrático. As cidades brasileiras, de forma geral, servem de palco para democracia, servem de palco para a vida política, por nelas se situarem os organismos essenciais da atividade política, além da vida social. Brasília, por ser a capital da República Federativa do Brasil e sede dos três Poderes da União, está no foco da iluminação cênica, abrigando personagens importantes da história democrática do país. Portanto, é o arquétipo da cidade política e objeto de estudo deste trabalho.

Neste contexto, a questão que se levanta é: o que seria uma cidade democrática? A dificuldade de definir o termo democracia não impede o questionamento proposto[5]. É nítido que uma cidade excludente em termos de acessibilidade ou de moradia não propicia uma democracia real. Essa problemática é, portanto, o intuito deste trabalho, tendo como ponto de partida a cidade de Brasília e de seu entorno. Inicialmente, será feita uma abordagem teórica sobre o direito à cidade para depois se esmiuçar a condição de Brasília como cidade democrática. Dispositivos legais serão abordados com o objetivo de aclarar o debate. Por fim, será exposta a experiência das audiências públicas do PPCUB - Plano de Preservação do Conjunto Urbanístico de Brasília.

1. Direito a uma cidade democrática como construção

A cidade, como é entendia atualmente, é resultado de um processo de organização territorial e de poder. A partir do momento em que pessoas decidiram se juntar, regras e costumes surgiram para regular a vida pública. A vida pública nada mais é do que o principal

---

[5] Manuel Castells, em sua obra "Ruptura: A crise da democracia liberal", apresenta o seguinte conceito à democracia: "Democracia, escreveu faz tempo Robert Escarpit, é quando batem na sua porta às cinco da manhã e você supõe que é o leiteiro." Diz, ainda, que o modelo de democracia liberal propõe: respeito aos direitos básicos das pessoas e aos direitos políticos dos cidadãos, incluídas as liberdades de associação, reunião e expressão, mediante o império da lei protegida pelos tribunais; separação de poderes entre Executivo, Legislativo e Judiciário; eleição livre, periódica e contrastada dos que ocupam os cargos decisórios em cada um dos poderes; submissão do Estado, e de todos os seus aparelhos, àqueles que receberam a delegação do poder dos cidadãos; possibilidade de rever e atualizar a Constituição na qual se plasmam os princípios das instituições democráticas. E, claro, exclusão dos poderes econômicos ou ideológicos na condução dos assuntos públicos mediante sua influência oculta sobre o sistema político." Logo, as características apresentadas acima de uma democracia seriam mais importantes para se entender uma cidade democrática, afinal, ela emite e recebe mensagens de ajuda quando não é.

insumo do que foi denominado cidade política, que tem como marco a polis grega. Conforme Robert Dahl (2012, p. 20), "a associação mais importante na qual cada um de nós vive, cresce e amadurece é, naturalmente, a nossa cidade – a *polis*".[6]

Logo, da mesma forma que a democracia moderna guarda semelhanças com as ideias e práticas da Grécia Antiga, as atuais cidades políticas também possuem características observadas nas cidades-estados gregas. Fisicamente, a pólis se dividia em acrópole, local mais alto onde havia um centro religioso, e a cidade baixa onde se localizava a ágora, um espaço reservado para reuniões (ROLNICK, 1995, p. 22). Porém, para um grego da época, o sentido dado a essa palavra não estava relacionado a questão espacial e, sim, política. A cidade diz respeito à participação dos cidadãos na vida pública.

Assim como os gregos, os romanos da Época Clássica[7] também tinham seu espaço de deliberação, chamado de *civitas* (ROLNICK, 1995, p. 23). O exercício do poder, que antes era concentrado na mão

---

[6] Robert Dahl vai mais longe ao atualizar o velho conceito grego e dizer que uma boa polis deve ter qualidades e "na melhor pólis os cidadãos são, a um só tempo, virtuosos, justos e felizes (...) não é dividida em segmentos menores de ricos e pobres ou de diferentes deuses, todos os cidadãos podem viver juntos em harmonia" e acrescenta: "Todavia, numa pólis democrática, para que os cidadãos possam lutar pelo bem comum, não precisamos todos ser parecidos, ser pessoas sem nenhum interesse próprio nem dedicar nossas vidas exclusivamente à pólis. Pois o que é a pólis senão um lugar no qual os cidadãos podem viver uma vida plena sem estar sujeitos ao chamado deveres cívicos a todo instante? Esse é o modo espartano. Não é o nosso.

[7] A História como o Direito Romano é dividida em períodos: a) Antigo (das origens ao ano de 100 a.C.); b) Clássico (do ano 100 a.C. até 211 d.C.); c) Pós-Clássico (do ano de 211 d.C. até 527 d.C.) e d) Justinianeu (do ano de 527 d.C. até a morte de Justiniano, em 565 d.C.).

de um único déspota, passou a ser exercido de forma descentralizada pelos cidadãos gregos e romanos. O conceito de cidadão era definido, entre outros fatores, pelas fronteiras da cidade-estado. Aquele que nascia em outra cidade era considerado estrangeiro, desprovido de certos direitos, assim como escravos e mulheres.

1.1 A cidade democrática do Século XX: um tempo analógico de democracia

O modelo de cidade antiga é tido como paradigma para as cidades modernas. Para Henri Lefebvre (2001, p. 48), "a ágora, lugar e símbolo de uma democracia limitada aos cidadãos e que exclui mulheres, escravos e estrangeiros, continua a ser, para uma certa filosofia da cidade, o símbolo da sociedade urbana em geral". Uma das formas de ver o espaço urbano está ligada à cidade política. O referido autor destaca, em seu texto, que não é correto reduzir o estudo a apenas essa vertente de que se trata do centro do poder. Mas, ao mesmo tempo, o caráter político da cidade é latente e não há como ignorar esse dado. Há exemplos candentes deste déficit na América Latina, especialmente após a redemocratização em vários países do cone sul, tais como o Chile,[8] Argentina, Uruguai.

Jürgen Habermas (2003, p. 16), por sua vez, afirma que o modelo da esfera pública helênica não foi assimilado a partir de sua

---

[8] VERGARA PERUCICH, Francisco. Las deficiencias de significación de la "Plaza de la ciudadanía, **Revista Iberoamericana de Urbanismo**, n. 7, ítem 2, p. 88-89.

formação social, mas, sim, do próprio modelo ideológico, que vem mantendo ao longo dos séculos uma continuidade nos termos da história das ideias. Ou seja, houve uma importação das ideais referentes à esfera pública para o contexto do Estado moderno.

É a partir da revolução industrial e a ascensão da burguesia que nós entendemos a cidade como ela é atualmente. Nesse contexto, a cidade é resultado da ordem próxima – relações dos indivíduos em grupos mais ou menos amplos, mais ou menos organizados e estruturados, relação desses grupos entre ele – e da ordem distante – ordem regida por grandes instituições tais como Estado, Igreja e mercado (LEFEBVRE, 2001, p. 52). A ordem distante comporta princípios morais e jurídicos que se projetam na ordem próxima. Já essa não reflete, na cidade, a ordem distante em sua permeabilidade.

O porquê de adotar essa divisão é simples. Uma cidade é formada por instituições e ao mesmo tempo por relações interpessoais em uma microescala. "A cidade é uma mediação entre as mediações" (LEFEBVRE, 2001, p. 52). A cidade é a arena dessas relações complexas ao passo que é também produto dessa mediação.

E, nesse ínterim, o espaço público pode ser entendido como o espaço urbano, a cidade. Para Jürgen Habermas (1997, p. 92), esfera ou espaço público é fenômeno social elementar, que não se enquadra como instituição e tão pouco como sistema. O vigor comunicacional do discurso habermasiano se faz presente também no conceito de esfera pública. Essa poderia ser descrita como "uma estrutura de comunicação do agir orientado pelo entendimento, a qual tem a ver com o espaço social gerado no agir comunicativo, não com as funções nem com os conteúdos das ações cotidianas" (HABERMAS, 1997, p. 92).

Em regra, o espaço público pode ser redefinido nas chamadas "metáforas arquitetônicas" (HABERMAS, p. 93, 1997), entendidas como uma estrutura capaz de abrigar e gerar reuniões. Pode-se facilmente identificar uma praça ou um prédio público como sendo um espaço público. Para Habermas, porém, essa é apenas uma vertente do que seria esfera público, conforme trecho a seguir:

> "Além disso, as esferas públicas ainda estão muito ligadas aos espaços concretos de um público presente. Quanto mais elas se desligam de sua presença física, integrando também, por exemplo à presença virtual dos leitores situados em lugares distantes, de ouvintes ou espectadores, o que é possível através da mídia, tanto mais se torna a abstração que acompanha a passagem da estrutura espacial das interações simples para generalização da esfera pública" (HABERMAS, 1997, p. 93).

Logo, há um embrião, no texto de Habermas,[9] de um novo conceito de espaço público. Após quase duas décadas de sua fala, o espaço público transcende o espaço físico por meio dos sistemas digitais. A mídia convencional – televisão, rádio e cinema – recebeu o aporte das mídias digitais. As distâncias se encurtaram e a cidade

---

[9] GOMES, Pedro Manuel Serrano. "*A vivacidade a animação do espaço público como estado e como acção municipal*, p. 7, afirma que Jürgen Habermas é a figura central do alargamento do conceito de espaço público rumo a imaterialidade.

17

política se transformou em infinitas formas de comunicação. Conforme mostram as últimas experiências urbanas, apreciadas a seguir, não há mais como dissociar a polis política da polis virtual. Contudo a definição de espaço público pode ser muito mais complexa e variada conforme os âmbitos em que é proposta ou produzida.[10]

1.2 A cidade democrática do Século XXI – um tempo de democracia e participação pelas mídias sociais

Os meios de comunicação tradicionais cederam espaço para a Rede Mundial de Computadores, já antes da virada do milênio, permitindo a modificação do modo de relacionamento social nas cidades. É inegável o papel das redes sociais para a formação de um espaço público virtual. A pólis virtual foi a razão de vários movimentos sociais e políticos na década de 2010. Um movimento de destaque foi a Primavera Árabe, que foi seguido por vários países árabes com problemas de cunho democrático. No Egito, as pessoas planejaram os protestos por meio do *Facebook, Twitter, Youtube* e *SMS*. No entanto, o ciclo do movimento só se fechou após a multidão ocupar o espaço público. A praça *Tahrir* (ou Praça da Libertação), no Cairo, foi palco de inúmeros protestos para a derrubada de um governo ditatorial que se

---

[10] Pedro Manuel Serrano Gomes afirma ainda que "Esta concepção desmaterializada do espaço público reflecte a crescente contaminação das ciências do território por conceitos e teorizações oriundas do domínio da filosofia e outras ciências humanas, que acentuam o papel da teoria (sobretudo na sua dimensão crítica) na produção científica contemporânea." GOMES, Pedro Manuel Serrano. *"A vivacidade a animação do espaço público como estado e como acção municipal*, p. 7.

perpetua por anos no poder.

Países ocidentais de regime democrático também vivenciaram esses eventos de inquietação. Islândia, Espanha e Estados Unidos foram tomados por movimentos sociais após serem acometidos por uma crise econômica de grande proporção. *Occupy Wall Street* pode ser também considerado um movimento híbrido de apropriação do espaço virtual e físico. Em mais de mil cidades americanas, nos cinquenta estados americanos, houve atividades relacionadas ao movimento *Occupy* (CASTELLS, 2013, p. 102).

Chegou-se, nesta época a tentativas e experiências locais de algo muito próximo a uma democracia direta, mesmo as demandas sendo muito difusas em cada local. As pessoas se reuniam nas ruas para deliberarem sobre a *cidade política* e a sua conformação. Todos podiam propor ações de melhoria da comunidade e depois se seguia para votação. Percebe-se que o processo material de ocupação, com a territorialização dos movimentos, foi importante. Mas se não fossem os modos de comunicação, em especial as mídias sociais, não seriam possíveis ou viáveis esses encontros públicos.

A partir dos acontecimentos narrados, nota-se que o meio físico ainda possui o seu papel no processo democrático, integrando no contexto atual um tipo de espaço público híbrido[11] (CASTELLS, 2013,

---

[11] Para Castells, "o movimento *Occupy* uma nova forma de espaço, uma mistura de espaço de lugares, num determinado território, e espaço de fluxos na internet. Um não conseguia viver sem o outro; esse espaço híbrido é que caracterizava o movimento" (CASTELLS, 2013, p. 104).

p. 104). No fim dessa onda de protestos, em 2013, o Brasil vivenciou momentos de agitação social em diversas cidades, de norte a sul. Em Brasília, cerca de um milhão de pessoas ocupou o Centro Cívico do país, a Esplanada dos Ministérios.[12] No passado, a capital do Brasil já havia sido palco de manifestações públicas de massa como as "Diretas já!" e, muito provavelmente, poderá presenciar, no futuro, outras manifestações democráticas mais ou menos sutis, mais ou menos amplas. Não se trata de uma visão taumaturga. É apenas o que se espera da idiossincrasia humana.

Figura 1: manifestações de junho de 2013, em Brasília.

---

[12] A Esplanada dos Ministérios é a porção oeste do Eixo Monumental, situada no centro do Plano Piloto de Brasília, capital do Brasil. Esta esplanada pode ser descrita como uma larga avenida com dois eixos (Norte e Sul, cada um com seis vias de rolamento) divididos por um vão central gramado de duzentos metros de largura. O Eixo Monumental inteiro estende-se por oito quilômetros e meio, fazendo a ligação entre a antiga Rodoferroviária de Brasília e a Praça dos Três Poderes (https://www.google.com.br/maps/@-15.8380337,-47.8602049,11.75z).

Fonte:< http://odireitoachadonarua.blogspot.com/2013/07/a-voz-de-brasilia.html> .

Acessado em agosto de 2013.

A apropriação dos espaços públicos por movimentos sociais é, por vezes, a forma mais nítida do papel democrático dado à cidade. Porém, para se conquistar uma cidade democrática, essa participação deve transmudar o superficial, principalmente, quando forem tratados o planejamento e a gestão urbana. Como nos casos do movimento *Occupy,* nos EUA, a experiência do uso da tecnologia da informação se tornou uma ferramenta aliada na consolidação de uma democracia deliberativa ou, porque não, democracia direta. Trazendo para o contexto da *urbi* democrática, podem ser destacadas as seguintes palavras de Lefebvre (2001):

"... a ideologia da participação permite obter pelo menor preço a aquiescência das pessoas interessadas e que estão em questão. Após um simulacro mais ou menos desenvolvido de informação e de atividade social, elas voltam para a sua passiva tranquilidade, para seu retiro. É evidente que a participação real e ativa já tem um nome. Chama-se autogestão." (LEFEBVRE, 2001, p. 104)

Assim, um processo de gestão democrática é necessário para se buscar ou obter uma cidade democrática. E Brasília, capital de um Estado Democrático de Direito, não se mostra disponível para uma autogestão e mesmo democrática. A participação direta dos brasilienses nas políticas urbanas seria um direito para se garantir outros direitos, advindos da cidade. O cotidiano das pessoas transparece na cidade e a cidade é um reflexo dessa vivência em sociedade. A peculiaridades de Brasília advém não só presença dos Poderes Públicos, das grandes instituições nacionais, dos principalmente ligadas ao Estado,[13] mas, também, dos brasilienses[14] e de sua práxis urbana.

Portanto, para ser promotora da democracia, Brasília deveria ser uma potencializadora de espaços urbanos mais democráticos, ouvindo os anseios de seus habitantes. Partindo mais uma vez dos ensinamentos de Henri Lefebvre, poder-se-ia dizer que uma cidade democrática proporcional uma "liberdade urbana" através de uma integração coerente dos elementos urbanos. Tal integração poderia ser extraída do

---

[13] A concentração de Poderes do Estado e de instituições públicas, que atraem também as instituições paraestatais e outras organizações privadas de representação política (Associações, Sindicatos, Confederações, grupos de pressão) dão à cidade uma conformação concentrada que se associa à vida burocrática estatal e a espelha.

[14] A composição da população também reflete essa representação profissional burocrática de altos funcionários do Estado, paraestatais, pessoal empregado de entidades de representação privada, das representações diplomáticas de outras nações, entre outros.

pensamento habermasiano sobre espaço público comunicacional. E, a partir daí, coloca-se a seguinte indagação: até que ponto Brasília seria uma cidade democrática?

2. Brasília, capital de contrastes

A partir do contexto histórico de sua formação, Brasília pode ser considerada uma contradição ou mesmo uma cidade distópica. Antes de sua inauguração, em 1957, já havia uma grande área de moradias populares precárias ou mesmo uma favelização ao redor do Congresso Nacional, área administrativa central. As pessoas que viviam nessa área, chamada de Vila Amaury, foram transferidas para o entorno da cidade, pois elas teriam de dar lugar ao que, hoje, é parte do Lago Paranoá. Surgem, então, as primeiras cidades-satélites: Taguatinga, Paranoá, Gama e Candangolândia com a finalidade de abrigar parte dos trabalhadores que construíram a Capital e que permaneceriam na cidade que atraia com promessas de oportunidade, trabalho, progresso e uma vida digna.

Figura 2: Vila Amaury

23

Fonte: Arquivo Público do DF

As forças "periferizantes" foram implacáveis na conformação do território do Distrito Federal (PAVIANI, 2010, p. 135). A retirada dos acampamentos e dos canteiros de obras deu origem às cidades satélites ou regiões administrativas. Brasília não poderia reproduzir as mazelas das cidades como Rio de Janeiro ou São Paulo. Favelas eram inadmissíveis no novo centro político-administrativo do país. A nova capital deveria ser moderna, o símbolo da máquina estatal. O resultado desse pensamento deu origem as inúmeras políticas urbanas higienistas, ao estilo do francês George-Eugène Haussmann.

Após sua inauguração, em 1960, foram criadas outras cidades-satélites. Ceilândia[15] surgiu no período do governo do Presidente Médici. Há relatos de que ele estava insatisfeito com o caminho que fazia entre o Palácio da Alvorada e o Palácio do Planalto ou até sua chácara perto de Riacho Fundo, devido a quantidade de invasões. O governador do DF, Prates da Silveira, para embelezar o caminho do então presidente, propôs a criação de uma Comissão de Erradicação de Invasões (CEI). A população de candangos foi mais uma vez retirada do centro da capital e colocada às margens da cidade, longe do lazer, do trabalho e da segurança (PAVIANI, 2010, p.147). Nesse ponto a Capital não se distingue das demais cidades brasileiras,[16] com a peculiar característica que desde a sua construção ela funciona como um espaço de segregação social.

Depois foram fundadas as cidades-satélites Guará e Samambaia, Santa Maria e São Sebastião, e assim por diante. Ao todo, hoje, são 31 Regiões Administrativas (RA), que possuem, em sua maioria, histórias de formação muito semelhantes. E, em nenhum momento, ao longo desse processo de remoção de pessoas do centro para a periferia, houve

---

[15] CEILÂNDIA é denominação derivada de CEI, Campanha de Erradicação de Invasões, origem da Cidade Satélite criada para contornar o crônico problema de invasões no Distrito Federal, desde a construção de Brasília, que atraia massas deslocadas pela atração de oportunidades de trabalho e serviços públicos, inicialmente. Ver: VASCONCELOS, Adirson. As cidades satélites de Brasília. Brasília. Centro Gráfico do Senado Federal, 1988. 370 p. Ver ainda, trabalho em Museologia:
http://bdm.unb.br/bitstream/10483/6729/1/2013_Vin%C3%ADciusCarvalhoPereira.pdf
[16] Para uma visão mais ampla do processo de urbanização brasileira no século XX, ver: HOLSTON, James. Cidadania Insurgente: disjunções da democracia e da modernidade no Brasil, cap. 5, p. 197-261.

a efetiva participação da população no planejamento urbano do território do Distrito Federal.

Mesmo o país tendo um regime de governo democrático, as cidades brasileiras, de modo geral, mostram o contrário. E o Brasil, à época da construção e da inauguração de Brasília também vivia um período democrático e mesmo intitulada como cidade planejada, também não possui traços democráticos que estimulem a participação. A segregação espacial, entendida como movimento de separação de classes sociais e funções no espaço, é uma característica marcante de Brasília (ROLINIK, 1995, p. 40), desde a sua criação.

As desigualdades são vistas a olho nu. A desigualdade não se define, no âmbito da cidade, apenas em riqueza ou pobreza. O seu significado abrange também a exclusão ou inclusão de grupos, a ausência ou a presença em certas regiões geográficas, o acesso ou não a direitos, a oferta ou não de oportunidades, a fragilidade em certos elementos físicos e individuais, aspectos culturais ou sociais, a vulnerabilidade, a deficiência ou a desvantagem, a discriminação e a diferença relacionada a fatores adquiridos e inatos (GUEDES, 2014, p. 182). Urbanisticamente, a desigualdade se revela na segregação espacial a no maior ou menor acesso a bens ou serviços sociais oferecidos.

E a segregação, em seu estado limite, é o gueto (LEFEBVRE, 2001, p. 98). Brasília é pode ser vista e descrita como um conjunto de guetos; as RA's Lago Sul e Lago Norte, Asa Sul e Asa Norte, Sudoeste e Noroeste são os guetos e divisões estamentais, de riqueza, onde pessoas com alta renda vêm a se isolar. As segregações acabam deformando a cidade e comprometendo a vida urbana (LEFEBVRE, 2001, p. 99). Um meio de se evitar uma crise urbana é a consolidação das instituições democráticas, da jurisdição e da administração urbana.

Há diversos instrumentos urbanísticos, espaços na legislação brasileira de Direito Urbanístico, responsáveis por essa consolidação de instituições. Poder-se-ia alegar que os principais instrumentos urbanísticos garantidores de um espaço democrático só surgiram a partir da Constituição Federal de 1988, muito depois da criação da maioria das cidades-satélites do DF. Porém, o planejamento urbano é de caráter permanente, cabendo reformas urbanas recorrentes para adequação aos preceitos constitucionais e legais que regulam o tema.

Foi a partir da Constituição de 1988 que a matéria urbanística ganhou a devida atenção. As constituições anteriores, bem como leis esparsas, tratavam do direito urbanísticos de forma indireta, versando sobre temas como desapropriação ou planos habitacionais (SILVA, 2012, p. 55). A Constituição vigente dá as bases, por meio dos artigos 182 e 183, ao direito à cidade. O *caput* do art. 182 dispõe que a política de desenvolvimento urbano tem por objetivo ordenar o pleno desenvolvimento das funções sociais da cidade e garantir o bem-estar de seus habitantes.

Para regulamentar os dispositivos constitucionais acima, foi editada a Lei 10.257/2001, denominada Estatuto da Cidade. É um marco legal mitigador do traçado urbano antidemocrático. A referida norma dispõe sobre diretrizes da política urbana e, para este trabalho, destaca-se os dispositivos referentes à gestão democrática da cidade.

A começar pelo artigo 2º do referido diploma legal, tem-se que a gestão democrática deve de ser feita por meio da participação da população e de associações representativas dos vários segmentos da comunidade na formulação, execução e acompanhamento de planos, programas e projetos de desenvolvimento urbano. Outra diretriz geral importante é a promoção de audiência do Poder Público municipal e da população interessada nos processos de implantação de empreendimentos ou atividades com efeitos potencialmente negativos sobre o meio ambiente natural ou construído, o conforto ou a segurança da população.

Quanto aos instrumentos de políticas urbanas, destacam-se a gestão orçamentária participativa, no âmbito do planejamento municipal, bem como o referendo popular e o plebiscito, tidos como institutos políticos. A gestão orçamentária participativa inclui, ainda, a realização de debates, audiências e consultas públicas sobre as propostas do plano plurianual, da lei de diretrizes orçamentárias e do orçamento anual, como condição obrigatória para sua aprovação pela Câmara Municipal.

Há, nessa lei, um capítulo dedicado exclusivamente à gestão democrática das cidades, que prevê mais instrumentos urbanísticos para garantir a participação da polução. São eles: a formação de órgãos colegiados de política urbana, nos níveis nacional, estadual e municipal; proposição de debates, audiências e consultas públicas; organização de conferências sobre assuntos de interesse urbano, nos níveis nacional, estadual e municipal; a iniciativa popular de projeto de lei e de planos, programas e projetos de desenvolvimento urbano.

Além disso, os instrumentos previstos no Estatuto da Cidade que demandam dispêndio de recursos por parte do Poder Público municipal devem ser objeto de controle social, garantida a participação de comunidades, movimentos e entidades da sociedade civil.

Tendo em vista o exposto, pergunta-se: quem melhor do que o próprio habitante para saber o que é o melhor para seu bem-estar? A lei, em âmbito federal, dá respaldo para que a população participe desse processo de urbanização de forma mais efetiva. Cabe aos municípios e ao Distrito Federal a edição de normas locais para regular norma federal[17]. É verdade que, em algumas cidades brasileiras, esse processo já está mais avançado do que em Brasília.

Um paradigma relevante no cenário democrático brasileiro é o

---

[17] A CF/88, em seu art. 30, incisos I e II, dispõe que aos municípios compete legislar sobre assuntos de interesse local e suplementar a legislação federal e estadual no que couber. Porém, José Afonso da Silva (2010, p. 63) vai além ao estabelecer que "aos municípios cabe estabelecer a política de desenvolvimento urbano, com o objetivo de ordenar o pleno desenvolvimento das funções sociais da cidade e garantir o bem-estar de seus habitantes (art. 182), promover o adequado ordenamento do seu território, mediante o planejamento e o controle do uso, do parcelamento e da ocupação do solo urbano, elaborando e executando, para tanto, o plano diretor (art. 30, VIII). A competência municipal não é meramente suplementar de normas federais ou de normas estaduais, pois não são criadas com o fundamento no art.30, II. Trata-se de competência própria que vem de texto constitucional."

29

orçamento participativo (OP) de Porto Alegre, adotado desde 1986[18]. Para Boaventura de Souza Santos (2002, p. 458), o orçamento participativo é "uma iniciativa urbana orientada para a redistribuição dos recursos da cidade a favor de grupos sociais mais vulneráveis, usando os meios de democracia participativa".

O OP de Porto Alegre se baseia em três princípios básicos: primeiro, todo cidadão tem o direito de participar; segundo, a participação é dirigida por uma combinação de regras de democracia direita e de democracia representativa; e terceiro, os recursos de investimentos são distribuídos por prioridades de acordo com critérios gerais, estabelecidos pelas instituições participativas, e critérios técnicos, definidos pelo Executivo (SANTOS, 2002, p. 467).

Algumas das principais características do orçamento participativo, nas palavras de Santos (2002, p. 539), são o conflito e a mediação entre questões técnicas e políticas, entre conhecimento e poder (ou a falta de poder). A pluralidade de participantes nesse processo evidencia demandas bastante distintas. Consequentemente, conflitos são esperados e o que se busca com esse modelo de orçamento é a isonomia entre os participantes, uma justiça distributiva e uma cidade democrática.

A gestão orçamentaria participativa, prevista como instrumento

---

[18] De acordo com AVRITZER (2002, p. 573), "a proposta de orçamento participativo surge como resposta a uma proposta de conselhos populares feita pelo prefeito de Porto Alegre pelo PDT, Alceu Collares, às associações de moradores da cidade no início de sua gestão, em março de 1986".

urbanístico no Estatuto da Cidade, já é, portanto, tradição em Porto Alegre. Mas não se deve confundir com a gestão participativa da cidade, que é instituto mais amplo, englobando além dos investimentos, a edição e revisão do plano de ordenamento territorial e de todos os outros instrumentos urbanísticos jurídicos e políticos. Mesmo sendo diferentes, os procedimentos do OP de Porto Alegre podem servir de parâmetro para participação popular na gestão urbanística, principalmente, na aplicação das experiências de democracia direta e representativa.

O Plano Diretor de Ordenamento Territorial (PDOT) é instrumento básico do planejamento urbano e deve ser discutido e aprovado pela Câmara de Vereadores e sancionado pelo prefeito do município. De acordo com o Guia para a Elaboração do Plano Diretor Participativo pelos Municípios e Cidadãos, desenvolvido pelo Ministério das Cidades:

> "Fazer planejamento territorial é definir o melhor modo de ocupar o sítio de um município ou região, prever os pontos onde se localizarão atividades, e todos os usos do espaço, presentes e futuros. Pelo planejamento territorial, pode-se converter a cidade em benefício para todos; podem-se democratizar as oportunidades para todos os moradores; podem-se garantir condições satisfatórias para financiar o desenvolvimento municipal; e podem-se democratizar as condições para usar os recursos disponíveis, de forma democrática e sustentável." (BRASIL, p. 14)

A cidade democrática é, portanto, feita pela população e para a

31

população. Para tanto, é imprescindível a participação de todos os cidadãos no desenvolvimento de seu plano diretor e de outras etapas da vida cidadã. Em Brasília, não há a cultura de participação popular nas decisões referentes ao espaço urbano; em Brasília não ouve experiências similares a esta de democracia direta. O desinteresse se agravou devido à crise política desta década de 2010 (2013, 2016 etc.), se podendo cogitar no agravamento da crise urbana como consequência desse amesquinhamento na participação política dos cidadãos.

Mesmo havendo normas distritais que respaldem o direito de participação no planejamento urbano, é preciso estruturar as formas de diálogo entre os cidadãos e as instituições e instâncias de organização da cidade, tal como a Câmara Legislativa, as agências reguladoras de planejamento, obras urbanas, distribuição de terras e de outras políticas públicas locais. Deve-se buscar, para isso, uma constante interlocução com e entre os sujeitos sociais. É necessário haver abertura para a construção social e a realização de pactos sociais. No caso do Distrito Federal, no qual se insere Brasília, por não ser um município, o PDOT é aprovado pela Câmara Legislativa, instância única Legislativa do Distrito Federal. Será visto, a seguir, como se dá essa participação a partir da perspectiva das normas distritais.

3. Formas de 'participação popular' no planejamento urbano do Distrito Federal

A Lei Orgânica do Distrito Federal dispõe sobre a participação da sociedade no processo de planejamento e controle do uso, ocupação e parcelamento do solo urbano e rural. Entende-se que a função social da cidade está relacionada com a função da propriedade e essa, por sua vez, só será observada quando forem atendidas as exigências previstas no plano diretor, instrumento básico de desenvolvimento e expansão urbana.

Para o Distrito Federal, é obrigatória a elaboração do plano diretor, conforme previsto na Constituição Federal e no Estatuto da Cidade. Além do Plano Diretor de Ordenamento Territorial - PDOT, há previsão, na Lei Orgânica, de instrumentos complementares de políticas. São eles: a Lei de Uso e Ocupação do Solo – LUOS e os planos de desenvolvimento local. Na área tombada de Brasília, o plano de desenvolvimento local é denominado de Plano de Preservação do Conjunto Urbanístico de Brasília – PPCUB.

O PDOT/DF estabelece critérios e diretrizes gerais para o uso e ocupação do solo, bem como aponta os programas e os projetos prioritários. A LUOS, por sua vez, traz critérios técnicos como, por exemplo zoneamento e conjuntos de índices para o controle urbanístico de cada zona. Já os planos de desenvolvimento local tratam das questões especificas de cada Região Administrativa.

Nota-se que esses documentos englobam temas de fundamental importância para a população de Brasília. São eles que irão moldar a cidade e, principalmente, a vida das pessoas que a habitam. Lefebvre (2001, p. 99), ao falar sobre a cidade, a encara como uma obra e afirma

33

que a classe operária, formadora da maioria da população, deveria percebê-la assim. Mas isso acaba não ocorrendo. Como consequência, as pessoas acabam alijadas do direito à cidade e dos acontecimentos políticos que ali acontecem.

A participação popular e a autogestão das cidades são, portanto, formas de se garantir o direito à cidade a todos. Não é por acaso que a Lei Orgânica, em seu artigo 321, atribuiu ao Poder Executivo o dever de conduzir, no âmbito do processo de planejamento do Distrito Federal, as bases de discussão e elaboração do PDOT/DF, da LUOS e dos planos de desenvolvimento local, bem como a implementação de cada um deles. O parágrafo único registra, ainda, que é garantida a participação popular nas fases de elaboração, aprovação, implementação, avaliação e revisão dos instrumentos urbanísticos supracitados.

A Câmara Legislativa do DF também auxilia o Poder Executivo nesse 'processo participativo', haja vista o PDOT ser formalizado em lei distrital após sanção do governador. Em seu regimento interno, há previsão de realização de reunião de audiências públicas organizadas pelas comissões internas com o intuito de esclarecer assunto específico e de interesse público atinente a sua competência. O Ministério das Cidades, inclusive, recomenda que os representantes do poder Legislativo participem desde o início do processo de elaboração do Plano Diretor, para evitar alterações substanciais, radicalmente distintas da proposta construída pelo processo participativo[19].

Para garantir que a participação se desenvolva de forma plena, é preciso que a informação seja simétrica, ou seja, a informação deve ser quantitativa e qualitativamente igual para todos os envolvidos. Além disso, a linguagem deve ser simples, acessível e clara durante todo o processo. A formação de um órgão colegiado pela sociedade civil pode auxiliar a população a entender e assimilar o conhecimento técnico envolvido.

O guia do Ministério das Cidades para a Elaboração do Plano Diretor Participativo traz uma metodologia na tentativa de transpor a apatia da sociedade em relação ao planejamento do desenvolvimento urbano. O primeiro passo é estabelecer três níveis de envolvimento: o Núcleo Gestor; os multiplicadores, unidades menores responsáveis por descentralizar a gestão; e a população como um todo, com especial atenção aos setores territorialmente marginalizados.

O Núcleo Gestor é composto de representantes do poder público e da sociedade civil. A constituição dessa equipe deve levar em conta a diversidade[20] de todos os setores sociais atuantes no município,

---

[19] De acordo com o guia para elaboração do Plano Diretor Participativo pelos municípios e cidadãos, desenvolvido pelo Ministério das Cidades: "Quanto mais o Legislativo tenha se envolvido no processo, maior a probabilidade de que o Projeto seja aprovado e convertido em Lei, sem alterações que o descaracterizem ou o afastem do interesse da maioria dos cidadãos ativos no processo participativo". Disponível em: <polis.org.br/wp-content/uploads/Plano-Diretor-Participativo-1.pdf > (visitado em agosto de 2018).

[20] Neste sentido, também os exemplos latino-americanos. Ver: VERGARA PERUCICH, Francisco. Las deficiencias de significación de la "Plaza de la ciudadanía, **Revista Iberoamericana de Urbanismo**, n. 7, ítem n. 2, p. 90.

cabendo a ela preparar, conduzir e monitorar a elaboração do Plano Diretor. É imprescindível que se passe por um processo de aculturação. Para tanto, pode-se complementar o instrumental técnico com outras linguagens – simbólicas, lúdicas, corporais. O uso de ferramentas virtuais é outra opção, muito em voga após as manifestações políticas que se alastraram pelo mundo. O alcance das mídias sociais é um fator a ser explorado pelas democracias e deve ser considerado ao se fazer gestão urbana.

Depois de se estruturar o Núcleo Gestor, parte-se para o preparo do processo com o levantamento das condições locais (condições físicas, sociais e econômicas dos agentes envolvidos). É feito, então, o lançamento e a divulgação do início dos trabalhos, convocando a população para participar e ressaltando o porquê de atuar nesse processo. A população deve ser capacitada, divulgando as informações que envolvem um Plano Diretor.

Finda essa fase de preparos, inicia-se a leitura da cidade. Essa leitura deve ser técnica e comunitária com a identificação das principais questões locais. Aqui inicia-se a contribuição dos multiplicadores. Seria a fase de diagnósticos das doenças de cada ponto da cidade. Depois de elencados os problemas, passa-se para a elaboração de estratégias para solução desses problemas. Seria a fase de prognóstico para o melhoramento da cidade.

Chega-se, então, ao momento da elaboração do pacto entre os agentes envolvidos, que resultaria no projeto de lei "Plano Direito do

Distrito Federal". As diretrizes elencadas anteriormente se transformam em instrumento concreto de caráter jurídico e urbanístico. O projeto de lei deve passar pela Câmara Legislativa conforme mencionado. Já a implementação do Plano Diretor deve ser feita pelo Poder Executivo, obedecido os critérios de prioridade estabelecidos nas fases anteriores e monitorado por órgãos competentes bem como pelo próprio cidadão, com o auxílio do Núcleo Gestor.

Conforme art. 40, § 3º, do Estatuto das cidades, o plano diretor tem de ser revisto, pelo menos, a cada 10 anos. Acatando a lei federal, o PDOT/DF possui vigência de dez anos, sendo possível sua revisão a cada 5 anos. O último foi elaborado no ano 2009. Portanto, a partir de 2019, será necessária uma nova lei instituindo um novo Plano.

Já os Plano de desenvolvimento local, bem como o Plano de Preservação do Conjunto urbanístico de Brasília, são elaborados pelo Poder Executivo, passíveis de revisão a cada ano, por iniciativa do Poder Executivo ou por iniciativa popular, mediante lei complementar específica, desde que comprovado o interesse público. Há, neste caso específico, a possibilidade da participação direta da sociedade no planejamento urbano das Regiões Administrativas. Complementando esse dispositivo, a Lei Orgânica do DF, no artigo 236, dispõe sobre a iniciativa popular de projeto de lei, devendo ser assinada por no mínimo, um por cento do eleitorado do Distrito Federal, distribuído por três zonas eleitorais.

Haveria, ainda, a possibilidade da participação orçamentária aos moldes de como é feita em Porto Alegre. Atualmente, o débil cenário democrático do Distrito Federal acabou enfraquecendo essa possibilidade de participação direta da sociedade. Porém, a LODF estabelece que "o processo de planejamento do desenvolvimento do Distrito Federal atenderá aos princípios da participação, da coordenação, da integração e da continuidade das ações governamentais".

Este processo engloba, além do PDOT, todas as leis orçamentárias – o plano plurianual, a lei de diretrizes orçamentárias e o orçamento anual. Essas normas são também instrumentos urbanístico e devem estar compatibilidade com o plano de ordenamento territorial, pois este possui vigência e diretrizes mais abrangentes que aqueles. Por mais que o cenário não seja favorável, devido à forte polarização política, faz-se necessária a participação dos brasilienses, de modo que não se restrinja apenas ao processo legislativo.

A participação no processo de elaboração do PPCUB foi, neste contexto, um marco para a democracia no Distrito Federal. Porém, conforme mencionado, houve um retrocesso nos últimos anos e, desde 2017, conquanto não se discuta mais as questões envolvendo o planejamento urbano da região de Brasília. O projeto de lei estava na iminência de ser colocado em votação, mas o processo estacionou e ainda não houve a publicação da lei. O próximo capítulo será dedicado ao estudo de caso do PPCUB, suas vicissitudes e os pontos positivos.

4. Estudo de caso: PPCUB e participação popular

O Plano de Preservação do Conjunto Urbanístico de Brasília (PPCUB) é instrumento de planejamento e controle da evolução físico-espacial do Conjunto Urbanístico de Brasília; de promoção de seu desenvolvimento econômico e social; de consolidação do regulamento de ordenação urbanística (normatização de uso e ocupação do solo); e de preservação do conjunto urbano objeto do tombamento federal. O PPCUB corresponde, simultaneamente, ao plano de desenvolvimento local e ao Plano de Preservação de Sítio Histórico Urbano - PPSH[21].

Apesar de ser tombada, Brasília, assim como qualquer outra cidade, está em constante transformação. As mudanças espaciais podem ser controladas, mas não evitadas, pois não se trata apenas de um edifício arquitetônico e, sim, de um complexo urbanístico de alta efervescência social. Por isso a relevância de se elaborar um plano com a participação daqueles que a habitam. Para observar as previsões legais de participação democrática ora estudadas, foi criado o Programa de Participação Popular[22].

---

[21] Portaria nº 299/2014 do Iphan. De acordo com o art. 2º da referida norma, "o Plano de Preservação de Sítio Histórico Urbano – PPSH é um instrumento de caráter normativo, estratégico e operacional, destinado ao desenvolvimento de ações de preservação em sítios urbanos tombados em nível federal, e deve resultar de acordo entre os principais atores públicos e privados, constituindo-se em processo participativo".

[22] Sobre o Programa de Participação Popular, consultar o sítio: <http://www.segeth.df.gov.br/wp-conteudo/uploads/2017/10/plano_participacao_popular.pdf>.

4.1 As expectativas democráticas de participação popular

O referido programa previa que a participação popular para o desenvolvimento do PPCUB e tinha como objetivo um caráter consultivo permanente, porém, dar-se-ia ênfase nas fases de diagnósticos e prognósticos. As formas de participação da população seriam por meio de consultas, reuniões plenárias, seminários técnicos, audiências públicas e reuniões temáticas.

Para que a população chegasse preparada para o debate, foi feita a proposta de distribuição de materiais informativos e educativos sobre os temas a serem abordados, bem como sobre a importância do PPCUB para a cidade.

As consultas seriam feitas durante todo o trabalho de elaboração do PPCUB e abrangeriam as contribuições dos setores representativos de grupos de interesse, os agentes de governo em seus diversos níveis e a população. Os instrumentos usados seriam: o sítio do governo do Distrito Federal; correio eletrônico disponibilizado no sítio; urnas para coleta das sugestões para a equipe de trabalho; e consultas a entidades com interesses no tema da preservação ou que possam contribuir fornecendo massa crítica para a elaboração do PPCUB, tais como IAB/DF, OAB/DF e MPDFT.

As reuniões plenárias seriam aquelas realizadas junto às Regiões Administrativas incluídas na área de preservação[23]. As reuniões

---

[23] As RA são Plano Piloto, Cruzeiro, Candangolândia e Sudoeste/Octogonal.

plenárias, de caráter consultivo, seriam abertas ao público em geral, com prioridade para os moradores, entidades e movimentos que atuam na região de ocorrência, e divulgadas com a antecedência mínima de quinze dias dos eventos. Com antecedência de 30 dias das reuniões, seria necessário promover um pré-encontro com lideranças comunitárias e órgãos locais, afim de promover a mobilização e a capacitação da população.

As reuniões teriam de ser precedidas de ampla divulgação, com a antecedência mínima de 15 dias, sendo que do material de divulgação deverão constar o objetivo do evento, a pauta do evento, os procedimentos a serem adotados e as formas de acesso aos documentos de referência, local, data e hora do evento. Como forma de divulgação, seriam utilizados o correio eletrônico, a correspondência direta, cartazes com as convocatórias nos locais públicos, chamadas em rádio e TVs institucionais, sítio eletrônico do GDF, inserções ou correspondências anexas a contas de luz, água, carnês de arrecadação de tributos, etc.

Haveria duas rodadas de reuniões plenárias: uma de diagnóstico e outra de prognóstico. As reuniões plenárias da etapa de diagnóstico, além de permitir a caracterização das demandas da sociedade, serviria para identificar os problemas daqueles que vivenciam a cidade. As finalidades dessa etapa consistiriam em sensibilizar a sociedade para o tema da preservação, consultá-la e informá-la sobre o que seria um Plano de Preservação. A consulta seria feita por meio de questionários que poderiam ser do tipo fechado, de múltipla escolha, ou do tipo aberto. Os questionários seriam recolhidos ao final das Plenárias, juntamente com a ficha de avaliação do evento. Ao final, seria produzido um Relatório Consolidado, com as questões levantadas nas reuniões de cada RA envolvida, e depois disponibilizado no sítio do PPCUB.

Já as reuniões plenárias de prognóstico teriam por objetivo discutir propostas para o PPCUB, tendo como referência o Relatório Consolidado. A partir do uso do método Cenário Estruturado (simulações gráficas, como modelagens tridimensionais ou fotomontagens), seria apresentada, para a população, uma gama de situações e diferentes desfechos possíveis para cada uma. Assim, as reuniões plenárias seriam um primeiro contato com a população, mais direcionadas e regionalizadas que as audiências públicas.

Os seminários técnicos consistiriam na promoção da discussão de questões relevantes para o PPCUB a partir do ponto de vista de técnicos especialistas em diversos temas, tais como, mobilidade e acessibilidade, paisagem urbana, pressões demográficas, aspectos jurídico-institucionais, entre outros. Dentre os técnicos, seriam esperados os docentes e discentes das Universidades e técnicos do IPHAN, SEDUMA e UNESCO.

Nas audiências públicas, seriam apresentados e colocados em debate os trabalhos sobre o PPCUB. Da mesma forma que as reuniões plenárias, as audiências públicas possuiriam um caráter consultivo, submetendo ao conjunto da população envolvida os produtos parciais executados e apresentados pela equipe técnica.

As audiências seriam abertas ao público e à sociedade organizada, dando prioridade aos representantes das Regiões Administrativas, ouvidos anteriormente nas reuniões plenárias. A participação individual também será considerada e estimulada. Seriam previstas três audiências públicas durante o desenvolvimento do trabalho: a primeira, prévia à conclusão do Diagnóstico, a segunda, prévia à conclusão do Prognóstico e a terceira, prévia à conclusão da redação final do Projeto de Lei do PPCUB.

Nota-se que toda a estruturação do Programa de Participação Popular do PPCUB segue as orientações do Ministério das Cidades debatidas no capítulo anterior. Na prática, porém, o processo foi confuso e ainda é inconclusivo. Os trabalhos deram início em 2009, com a realização de 15 reuniões plenárias, 1 seminário técnico e 2 audiências públicas com a participação de 2.556 pessoas. Em 2016, foi elaborada a minuta do projeto de lei completar e foram realizadas 1 reunião plenária e 1 audiência pública com a participação de 1.065 pessoas. Em setembro, o PLC 52/2012 foi encaminhado para a CLDF[24].

Figura 3: Audiência pública para discussão do PPCUB, em 2012.

---

[24] Dados retirados do sítio: <http://www.segeth.df.gov.br/wp-conteudo/uploads/2017/11/ppcub-1.pdf> (visualizado em agosto de 2018).

Fonte: Câmara Legislativa do DF.

Porém, no ano seguintes, houve a retirada do projeto da CLDF para revisão, sendo feita mais 1 audiência pública com a participação de 275 pessoas. Em outubro, foi encaminhado para a CLDF um novo projeto de lei (PLC 78/2013). Em 2014, o projeto de lei passa por uma revisão e recebe a aprovação do Conplan - Conselho de Planejamento Territorial e Urbano do Distrito Federal.

A essa altura, a crítica feita pelos envolvidos, dentre eles urbanistas e representantes do Ministério Público, residia, principalmente, em pontos obscuros da lei favorecendo especulação imobiliária. A promotoria de Justiça da Ordem Urbanística do MPDFT fez, inclusive, um pedido para que se suspendesse o andamento do

PPCUB, pois aconteceram diversas falhas processuais, com destaque para a aprovação irregular no Conplan, sem a presença dos conselheiros que representavam a sociedade civil.

Em 2016, foram retomados os trabalhos. Criou-se, por meio da Portaria nº 59/2016, a Câmara Técnica do PPCUB, dentro do Conselho Consultivo de Preservação e Planejamento Territorial e Metropolitano - CCPPTM/DF, instância colegiada consultiva, de caráter permanente, para promover o diálogo entre a sociedade civil e o Estado, com a finalidade de contribuir no processo decisório e na implementação das políticas de preservação e do planejamento metropolitano no âmbito do Conjunto Urbanístico de Brasília - CUB[25].

---

[25] A Portaria nº 59/2016 elenca os seguintes membros participantes da Câmara Técnica:

"Art. 2º A Câmara Técnica do Plano de Preservação do Conjunto Urbanístico de Brasília PPCUB será presidida pelo Secretário de Estado de Gestão do Território e Habitação do Distrito Federal e terá a **seguinte composição**:

§ 1º Membros representantes indicados por cada um dos seguintes órgãos e entidades de governo: I. Secretaria de Estado de Gestão do Território e Habitação do Distrito Federal; II. Secretaria de Estado de Cultura do Distrito Federal; III. Secretaria Adjunta de Ciência, Tecnologia e Inovação da Secretaria da Casa Civil, Relações Institucionais e Sociais; IV. Agência de Fiscalização do Distrito Federal - AGEFIS; V. Companhia Imobiliária de Brasília - TERRACAP.

§ 2º Membros representantes de cada uma das seguintes organizações da sociedade civil e entidades: I. Associação Civil Rodas da Paz, RENATA FLORENTINO DE FARIA SANTOS; II. Associação de Empresas do Mercado Imobiliário do Distrito Federal - ADEM I / D F, PAULO ROBERTO DE MORAIS MUNIZ; III. Conselho de Arquitetura e Urbanismo do Distrito Federal - CAU/DF, GUNTER ROLAND KOLSDORF SPILLER; IV. Conselho Internacional de Monumentos e Sítios - ICOMOS, FREDERICO BARBOZA; V. Federação do Comércio de Bens, Serviços e Turismo do Distrito Federal - FECOMÉRCIO/DF, MATEUS LEANDRO DE OLIVEIRA; VI. Federação dos Trabalhadores na Agricultura do Distrito Federal e Entorno - FETADFE, NILVAN VITORINO DE ABREU; VII. Instituto de Arquitetos do Brasil - Departamento Distrito Federal - IAB/DF, MARIA EMÍLIA BASTOS

Entre 2016 e 2017, foram realizadas 36 reuniões pela Câmara Técnica e 2 audiências do PPCUB. Para as audiências, foi feita a convocação por edital no Diário Oficial do DF e por publicação em jornal de grande circulação. Essa forma de divulgação de eventos desse tipo é bastante questionável, tendo em vista seu alcance. Um meio efetivo de divulgação envolve os canais de maior acesso pela população como, por exemplo, a televisão e as redes sociais.

Nesta data, a população estimada do Plano Piloto era de 220 mil habitantes[26]. Os números contabilizados nas reuniões e audiências não necessariamente expressão a realidade das pessoas que ali vivem. Outra crítica relevante feita pelos urbanistas diz respeito à presença de grupos que estavam participando tendo em vista apenas defesa de certos lobbies. Sendo assim, a representatividade estava, de certa forma, sendo falha, enviesando negativamente a discussão e a edição do projeto de

---

STENZEL; VIII. Instituto Histórico e Geográfico do Distrito Federal- IHG/DF, VERA LÚCIA FERREIRA RAMOS; IX. Movimento Urbanistas por Brasília, ROMINA FAUR CAPPARELLI; X. Ordem dos Advogados do Brasil- OAB/DF, LEONARDO MUNDIM; XI. Instituto de Arquitetos do Brasil - IAB/DF, JOSÉ CARLOS COUTINHO; XII. Sindicato da Indústria da Construção Civil do Distrito Federal - SINDUS C O M / D F, JOÃO DE CARVALHO ACCYOLI; XIII. Associação de Inquilinos e Moradores do Guará e Regiões Administrativas do Distrito Federal - ASSIMG/DF, SIGEFREDO NOGUEIRA DE VASCONCELOS; XIV. Universidade de Brasília- UNB, RICARDO TREVISAN; XV. Entidade de Defesa da Política de Regularização Fundiária de Interesse Social; Sindicato e Organização de Cooperativas do Distrito Federal- OCDF, RENATO MARCOS BITTENC O U RT; XVI. Associação dos Servidores dos Sistemas CAU e CONFEA das Administrações Direta e Indireta do Governo do Distrito Federal - ASSICCADI, LEONARDO PIERRE FIRME.

§ 3º Membros representantes da sociedade civil: I. JANAINA DOMINGOS VIEIRA; II. MARIA EMÍLIA BASTOS STENZEL; III. TÂNIA BATTELLA DE SIQUEIRA.

26   http://www.codeplan.df.gov.br/wp-content/uploads/2018/02/PDAD-Plano-Piloto.pdf

lei.

4.2 O contraste das expectativas com a visão teórica

A intenção de instituir a Câmara Técnica surge para mitigar essas forças de monopólio de decisão, a partir do empoderamento da população. A composição dela se dá por meio de representação com a escolha de membros do governo bem como de organizações da sociedade civil e entidades. Aproximar-se-ia, enquanto plano, da democracia deliberativa que James Bohman (2012, *passim*) intitula como "mini-públicos" ou "mini-*demois*" (quando há status decisório nas deliberações). Porém, a escolha dos membros não é feita de forma aleatória, podendo colocar em xeque mais uma vez a representatividade.

Para Castells (2018, item n. 1), a democracia é resultado das relações de poder social e vai se adaptando à evolução dessas relações, mas privilegiando o poder que se consolidou nas instituições. A partir do momento em que as pessoas não mais acreditam nessas instituições, surge a crise política. E a crise urbana também se agrava, pois as políticas nessa área dependem de instituições fortes. A Câmara Técnica não deixa de ser uma instituição política, formada por representantes preestabelecidos em norma e com baixa margem de rotatividade.

Além disso, a falta de vigor da população na participação é sempre um risco e resulta, principalmente, na questão da cooptação de

47

grupos extremamente organizados em detrimento das minorias.[27] Para o planejamento urbano, esse tipo de prática clientelista reflete em um traçado urbano pouco democrático. Um jeito de atenuar essa falha é melhorar o sistema comunicacional para se chegar a uma deliberação inclusiva, autentica e consequencial sobre o espaço urbano.

O direito à cidade pertence a todos aqueles cujo trabalho e vivência está envolvido em produzi-la e reproduzi-la. Na verdade, transcendendo esta questão, as pessoas teriam um direito coletivo não apenas àquilo que produzem, mas também teriam a possibilidade de decidir que tipo de urbanismo deve ser produzido, onde e como (Harvey, 2014, p. 245). A ideia de que a cidade é resultado do trabalho das pessoas que a habitam legitima ou ao menos deveria legitimar seus direitos que decorrem dela.

Brasília, que foi erguida pelos candangos,[28] depois os expulsou para o seu entorno. Os moradores, sejam os da área tombada, sejam os das outras RA's, têm o direito de participar das deliberações sobre o lugar onde moram. Para isso, é preciso que, conforme as palavras de

---

[27] Usa-se aqui o conceito de exclusão e de déficit de representação, para caracterizar a minoria, embora a avaliação quantitativa possa indicar que esses grupos alijados das decisões possam ser, quando reunidos, até maiores que o grupo que toma as decisões. Para o conceito de minorias associado a representação ver: Iris Marion Young "As pessoas muitas vezes reclamam que os grupos sociais dos quais fazem parte ou com os quais têm afinidade não são devidamente representados nos organismos influentes de discussões e tomadas de decisão, tais como legislaturas, comissões e conselhos, assim como nas respectivas coberturas dos meios de comunicação." YOUNG, Iris Marion, Representação política, identidade e minorias, **Lua Nova**, n. 67, p. 140.

[28] Trabalhadores que participaram da construção da nova capital e que permaneceram como seus primeiros habitantes.8, p.

Maricato (2015, p.10), seja combatido o "analfabetismo urbanístico", ou seja, é preciso evidenciar, para as camadas populares que habitam Brasília e o entorno, as estratégias das classes sociais na produção e ocupação do espaço. E a comunicação, mais uma vez, se torna crucial para a erradicação deste tipo de analfabetismo, pois a informação ampla e sua utilização adequada permitem a participação efetiva de uma grande quantidade de brasilienses nesse processo de gestão urbana.

5. CONCLUSÃO

A cidade democrática ampara todos aqueles que usufruem de seu espaço. Ela é e deve ser generosa com seus habitantes, sem distingui-los ou excluí-los. As cidades brasileiras, de forma geral, possuem um traçado urbano que alija grande parte da população. Fatores históricos explicam o porquê de serem tão antidemocráticas, mas não justificam a razão de continuarem assim.[29] Brasília, o objeto de estudos por ser a capital e sede do governo federal, sempre priorizou a estética em detrimento do bem das minorias.[30] Houve, em diversos momentos de sua história, situações em que, para atender a prática mercadológica, a população mais pobre teve que suportar as externalidades negativas do processo urbano. Uma forma de torná-la

---

[29] SANTOS, Milton. **A urbanização brasileira**, 5. ed., especialmente item n. 8, p. 77-90.

[30] Para o conceito de minoria ver: YOUNG, Iris Marion, Representação política, identidade e minorias, **Lua Nova**, n. 67, p. 140, nota anterior neste trabalho que associa a minoria ao déficit de representação.

49

mais acessível, do ponto de vista democrático, é a participação popular nas políticas de desenvolvimento urbano. A legislação urbanística, em seus diversos níveis federativos, dá respaldo para essa prática. Porém, nota-se uma desconexão entre todos os agentes participantes. O problema reside na falta de comunicação que deveria ligar os envolvidos em redes, que poderia fazer com que se aumentasse a comoção popular ou o entusiasmo na atividade cidadã e, consequentemente, a participação. O papel do poder público é fundamental, neste contexto, para organizar uma população desmobilizada em relação a grupos de interesse com grandes poderes sobre a cidade. O que se conclui do processo de elaboração do PPCUB é, justamente, essa desmobilização das minorias e uma forte influência dos lobistas, resultado do fraco desempenho que das instituições públicas do DF, em especial os poderes legislativo e executivo.

REFERÊNCIA BIBLIOGRÁFICA

AVRITZER, Leonardo. **Modelos de participação democrática: uma análise do orçamento participativo no Brasil.** In: SANTOS, Boaventura de Sousa (org.). Democratizar a democracia: os caminhos da democracia participativa. Rio de Janeiro: Civilizações Brasileiras, 2002, p. 563-597.

BRASIL. **Constituição da República Federativa do Brasil.** Disponível em: http://www.planalto.gov.br/ccivil_03/Constituicao/Constituicao.htm. Acesso: agosto de 2018.

_____. Lei nº 10.257/2001. **Estatuto da Cidade.** Disponível em:

<https://www.planalto.gov.br/ccivil_03/Leis/LEIS_2001/L10257.htm>. Acesso: agosto de 2018.

_____. IPHAN. **PORTARIA Nº 299, DE 6 DE JULHO DE 2004.** Disponível em: <http://portal.iphan.gov.br/uploads/legislacao/Portaria_n_299_de_6_de _Julho_de_2004.pdf>. Acesso: agosto de 2018.

_____. MINISTÉRIO DAS CIDADES. **PLANO DIRETOR PARTICIPATIVO - guia para a elaboração pelos municípios e cidadãos.** Disponível em: <http://polis.org.br/wp-content/uploads/Plano-Diretor-Participativo-1.pdf>. Acesso: agosto de 2018.

_____. SENADO FEDERAL. **PPCUB atende à especulação imobiliária em Brasília e não pode ser aprovado, dizem debatedores.** Disponível em: <https://senado.jusbrasil.com.br/noticias/112192470/ppcub-atende-a-especulacao-imobiliaria-em-brasilia-e-nao-pode-ser-aprovado-dizem-debatedores>. Acesso: agosto de 2018.

BOHMAN, James. **Representation in the deliberative system.** In: PARKINSON, Josh; MANSBRIDGE, Jane (Org.). Deliberative systems. Cambridge: Cambridge University Press, 2012. p. 72-94.

CASTELLS, Manuel. **Redes de indignação e esperança – movimentos sociais na era da Internet.** Edição digital. Rio de Janeiro: editora Zahar, 2013.

_____. **Ruptura, a crise na democracia liberal.** Edição digital. Rio de Janeiro: editora Zahar, 2018.

DAHL, Robert A. **A democracia e seus críticos.** 1ª ed. São Paulo: Editora WMF Martins Fontes, 2012.

DISTRITO FEDERAL. SEGETH - Secretaria de Estado de Gestão do Território e Habitação. **Plano de Preservação do Conjunto Urbanístico de Brasília.** Disponível em:

<http://www.segeth.df.gov.br/wp-conteudo/uploads/2017/11/ppcub-1.pdf>. Acesso: agosto de 2018.

_____. SEGETH - Secretaria de Estado de Gestão do Território e Habitação. **Programa de Participação da População – PPP.** Disponível em: <http://www.segeth.df.gov.br/wp-conteudo/uploads/2017/10/plano_participacao_popular.pdf>. Acesso: agosto de 2018.

_____. **Portaria N° 59, de 30 de julho de 2016.** Publicado no Diário Oficial do Distrito Federal, N° 128, quarta-feira, 6 de julho de 2016. PÁGINA 13. Disponível em: <www.segeth.df.gov.br/wp-conteudo/uploads/2017/11/06C_Portaria_n_59_ppcub-0607.pdf>. Acesso: agosto de 2018.

GOMES, Pedro Manuel Serrano. **A vivacidade a animação do espaço público como estado e como acção municipal.** Universidade Técnica de Lisboa. Mestrado, 2011.

GUEDES, Jefferson Carús. **Igualdade e desigualdade: introdução conceitual, normativa e histórica.** São Paulo: Revista dos Tribunais, 2014.

HABERMAS, Jürgen. **Direito e Democracia: entre facticidade e validade.** V. II. Rio de Janeiro: Tempo Brasileiro, 1997. p. 57-122

_____. **Mudança estrutural da esfera pública.** Rio de Janeiro: Tempo Brasileiro, 2003.

HARVEY, David. **Cidades rebeldes – do direito à cidade à revolução urbana.** São Paulo: Martins Fontes, 2014.

HOLSTON, James. **Cidadania Insurgente:** disjunções da democracia e da modernidade no Brasil. São Paulo: Companhia das Letras, 2013. Trad. Claudio Carina.

LEFEBVRE, Henri. **O direito à cidade.** 5ªed. São Paulo: Centauro, 2001.

MARICATO, Erminia. **Para entender a crise urbana.** São Paulo: Expressão popular, 2015.

PAVIANI, Aldo. **A construção injusta do espaço urbano.** In: PAVIANI, Aldo (org.). A conquista da cidade: movimentos populares em Brasília. 2a ed. Brasília: Ed. Unb, 2010, p. 131-163.

ROLNIK, Raquel. **O que é cidade.** 1ª ed. São Paulo: Brasiliense, 1995. (Coleção Primeiros Passos)

SANTOS, Boaventura de Sousa. **Orçamento Participativo de Porto Alegre: para uma democracia redistributiva.** In: SANTOS, Boaventura de Sousa (org.). Democratizar a democracia: os caminhos da democracia participativa. Rio de Janeiro: Civilizações Brasileiras, 2002, p. 455-559.

SANTOS, Milton. **A urbanização brasileira,** 5. ed. São Paulo: EDUSP, 2005.

SILVA, José Afonso da. **Direito Urbanístico Brasileiro.** 7ª ed. São Paulo: Malheiros, 2012.

UNITED NATIONS. **World Urbanization Prospects 2018.** Disponível em: <www.un.org/en/index.html>. Acesso: agosto de 2018.

VERGARA PERUCICH, Francisco. Las deficiencias de significación de la "Plaza de la ciudadanía, **Revista Iberoamericana de Urbanismo,** n. 7, Argentina/Espanha.

YOUNG, Iris Marion, Representação política, identidade e minorias, **Lua Nova,** São Paulo, 67: 139-190, 2006.

DÉFICIT HABITACIONAL E POLÍTICAS REGULATÓRIAS DO PREÇO DE ALUGUÉIS E IMÓVEIS

Angela Moulin S. Penalva Santos[31]

Renan Luiz dos Santos da Silva[32]

RESUMO: Este artigo tem como objeto a análise do déficit habitacional no Brasil e das políticas públicas comumente invocadas como solução para o problema. Na primeira parte procurou-se fazer uma sucinta análise do estado atual do déficit habitacional no país. Na segunda parte, procurou-se analisar políticas públicas regulatórias dos preços de aluguéis e imóveis e suas possíveis implicações econômicas e políticas e a sua eficiência em atingir o objetivo de diminuição do déficit habitacional. Na última parte o foco foi destrinchar os problemas de medidas intervencionistas e o papel da iniciativa privada na busca pelo objetivo social de redução do déficit habitacional no Brasil.

PALAVRAS-CHAVE: Déficit. Habitacional. Políticas. Públicas. Regulação.

---

[31] Professora Associada da Universidade do Estado do Rio de Janeiro. Pós-doutora em Arquitetura e Urbanismo pela Universidade de São Paulo. Doutora em Arquitetura e Urbanismo (USP). Mestre em Engenharia da Produção pela Universidade Federal do Rio de Janeiro. Graduada em Ciências Econômicas pela Universidade do Estado do Rio de Janeiro.
[32] Mestrando em Direito pela Universidade do Estado do Rio de Janeiro - UERJ. Graduado em Direito pela Universidade do Estado do Rio de Janeiro. Pesquisador do Núcleo de Estudos, Pesquisa e Extensão em Direito da Cidade – NEPEC (UERJ). Assessor Jurídico no Ministério Público do Estado do Rio de Janeiro - MPRJ.

ABSTRACT: This paper analyzes the housing inequality in Brazil and public policies usually invoked as a solution to this problem. In the first part, it develops a brief analysis about the current situation of the housing inequality in the country. In the second part, it was developed an analysis on the regulatory public policies on rental and habitation prices. Finally, in the last part, the focus was to establish a critical analysis on the problems of interventionist policies and the role of private initiative in the purpose of reducing housing inequality in Brazil.

KEYWORDS: Housing. Inequality. Public. Policies. Regulation.

INTRODUÇÃO

Um dos principais problemas urbanos hodiernamente é o alto custo da terra, que leva ao alto custo e a escassez de moradia. Segundo estudo do Banco Interamericano de Desenvolvimento, em 2009, 54 milhões de famílias na América Latina e no Caribe sofriam algum tipo de carência habitacional.[33]

Pesquisa da FIESP demonstrou que o déficit de moradia no Brasil é de 6,198 milhões de unidades.[34] Na análise, são contabilizadas como déficit, além da ausência de casas, também as habitações que

---

[33] BLANCO, Andrés G.; CIBILS, Vicente Fretes; MUÑOZ, Andrés F. *Procura-se casa para alugar: opções de política para a América Latina e Caribe.* BID. 2014. p. 3.
[34] Disponível em http://www.fiesp.com.br/noticias/levantamento-inedito-mostra-deficit-de-62-milhoes-de-moradias-no-brasil/> acesso em 27-09-2017.

apresentam baixas condições de habitabilidade, como domicílios precários, rústicos, superlotados, em condição de coabitação, e aqueles em que o custo do aluguel representa um ônus excessivo para as famílias.

De acordo com o mesmo estudo, no estado do Rio de Janeiro o déficit habitacional é de 471 mil moradias.

Não se pode olvidar que algumas políticas públicas implementadas nos últimos anos foram importantes na redução do déficit habitacional no país. A principal delas, o programa Minha Casa Minha Vida (MCMV) do governo federal, cujo mecanismo é oferecer financiamento para a construção de habitações populares, entregou até 2016, 2,6 milhões de habitações.

O problema, porém, persiste. Com o agravamento da crise econômica e com a recessão que o país atravessou em 2016, os investimentos em políticas sociais e no próprio MCMV sofreram cortes. Além disso, o encolhimento do setor da construção civil deve fazer aumentar o déficit habitacional no país.

Tal cenário provoca os planejadores urbanos a se debruçarem sobre políticas regulatórias que visem o controle e o equilíbrio do preço da terra e de aluguéis, como o aluguel social, a locação compulsória de imóveis vazios ou subutilizados, o controle estatal dos preços dos preços de aluguel, a promoção de cotas de solidariedade e a recuperação social da mais-valia urbana.

O presente trabalho se propõe analisar cada uma dessas políticas e suas implicações sociais e econômicas, além de sua eficácia no atingimento do objetivo proposto que é a redução do déficit habitacional urbano.

1. O DÉFICIT HABITACIONAL NO BRASIL

A Constituição de 1988 reconheceu a moradia como um direito fundamental e dever do Estado, estabelecendo a promoção de políticas de habitação como competência concorrente entre União, estados e municípios.

Uma das consequências fáticas da constitucionalização desse direito é a possibilidade de o cidadão pleitear em juízo sua aplicabilidade, provocando o Estado tanto a reconhecer e proteger a moradia àqueles que têm seu direito de propriedade ou de posse perturbado, quanto a prover moradia àqueles que não possuem.

Isso significa dizer que, na prática, a efetivação do direito de moradia às populações socialmente vulneráveis depende fundamentalmente da atuação estatal, sobretudo do poder Executivo através de políticas regulatórias dos preços de aluguéis e imóveis.

No levantamento da FIESP sobre o déficit habitacional no Brasil observa-se que em 2014, a maior parte das famílias que compõem o déficit, aproximadamente 50%, estava no componente ônus excessivo com o aluguel. Ou seja, gastam mais de 30% da renda família com a locação do imóvel onde reside. Na coabitação familiar, outro componente importante do déficit, havia 1,762 milhão de famílias, ou 28,4% do total.

Da análise desses números se observa que, de acordo com estudo, a maior parte das famílias tem onde morar, embora em condições consideradas de habitabilidade.

Por outro lado, não se tem uma dimensão exata do estoque de imóveis vazios ou subutilizados. O Censo do IBGE de 2010 estimou que 6 milhões de imóveis estão vagos no Brasil, número superior ao déficit habitacional.[35] Haveria mais de um milhão de imóveis vazios em São Paulo e 600 mil em Minas Gerais.

Se o número de imóveis vagos é igual ou menor que o déficit habitacional, porque a conta não fecha?

Uma explicação é que muitos desses imóveis, quando não estão envolvidos em disputas judiciais, são propriedades cujo valor não é compatível para atender à demanda das famílias que compõem o déficit habitacional, de baixa renda.

Além disso, as famílias que precisam de casa não vão habitar os imóveis que estão vazios de forma espontânea. É necessária a promoção de políticas públicas que estimulem a ocupação dos imóveis.

---

[35] Informações do Portal Brasil, disponíveis em <http://www.brasil.gov.br/governo/2010/12/numero-de-casas-vazias-supera-deficit-habitacional-do-pais-indica-censo-2010> acesso em 27-09-2017.

2. POLÍTICAS REGULATÓRIAS DO PREÇO DE ALUGUÉIS E IMÓVEIS

O principal nó ainda é o preço da terra. O valor dos imóveis e dos aluguéis nas grandes cidades disparou nos últimos anos, principalmente nas capitais que receberam obras públicas de melhoria em infraestrutura em razão dos megaeventos esportivos.

Outra dificuldade é a falta de políticas públicas e de um comprometimento efetivo do poder público na solução do problema do déficit habitacional urbano. Quando há alguma política, o problema é sua a (in)eficiência econômica, que faz com que ao invés de atingir o objetivo, aumente o déficit.

Considerando a necessidade da atuação do estado através de políticas públicas que atuem na regulação de preços de aluguéis e imóveis, serão analisadas algumas medidas que corriqueiramente são ventiladas como políticas para redução do déficit habitacional.

São elas: 2.1 ALUGUEL SOCIAL; 2.2 LOCAÇÃO COMPULSÓRIA DE IMÓVEIS VAZIOS OU SUBUTILIZADOS; 2.3 CONTROLE DOS PREÇOS DE ALUGUEIS; 2.4 COTAS DE SOLIDARIEDADE; 2.5 AUMENTO DE IMPOSTOS

3. PROBLEMAS DE MEDIDAS INTERVENCIONISTAS E O PAPEL DO MERCADO

O intervencionismo estatal visa a correção de distorções causadas no mundo dos fatos quando a liberdade que pauta as relações entre particulares se torna opressora. A busca pelo bem-estar social é a razão de ser do Estado. A política de desenvolvimento urbano tem por objetivo promover o desenvolvimento das funções sociais da cidade e garantir o bem-estar de seus habitantes. Nesse sentido, é sim papel do Estado intervir através de políticas públicas, para alcançar esses objetivos.

No entanto, o que se deve sempre ter em vista na formulação de tais políticas é que, algumas vezes, a intervenção estatal gera outra intervenção estatal para corrigir as consequências inesperadas geradas pela intervenção anterior. Ou seja, uma política pública mal formulada pode agravar o problema que pretendia resolver.

É o que se observa no caso do aluguel social como a atualmente aplicado no país, com a política de locação compulsória de imóveis vazios e ainda com as políticas de controle de preços de aluguéis. Pelas distorções econômicas que tais políticas geram, seu resultado é o agravamento do déficit habitacional e do aumento dos valores dos aluguéis e da terra.

Qual seria então o papel do mercado e dos agentes econômicos no objetivo de redução do déficit habitacional no Brasil? Falar da atuação do setor econômico na consecução de direitos fundamentais tão caros como o direito à moradia parece contraditório, mas pode não ser.

O setor da construção civil é o que mais emprega no país e representa mais de 6% do PIB. No atual cenário de crise, a indústria tem papel fundamental na recuperação econômica. Com mercado aquecido e com pessoas empregadas, há maior produção, maior circulação de renda e maior arrecadação de tributos. O orçamento público é composto pela arrecadação de impostos, predominantemente dos setores produtivos. Como todos os direitos têm custos, é através do orçamento que o Estado consegue os efetivar direitos sociais.

Além disso, políticas públicas como o aluguel social e a cota de solidariedade dependem para o seu sucesso que o setor da construção civil imobiliária encontre um ambiente econômico propício para investimentos e construção de moradias. É possível, desejável e benéfico que o Estado se valha do poder produtivo do setor privado para alcançar fins sociais de interesse público.

Ao cabo, a política pública mais efetiva para redução do déficit habitacional é a construção de habitações, aliada a uma política que estimule o uso dos imóveis vazios e subutilizados. As políticas públicas que melhor alcançam esses objetivos são o aluguel social e as cotas de solidariedade, quando o setor público e o setor privado em parceria constroem moradias que terão preços de aluguel ou de mercado controlado, e a aplicação do IPTU progressivo com caráter sancionador.

CONCLUSÃO

Ao final deste breve trabalho, o que se espera é ter atingido o objetivo de elencar algumas das principais políticas públicas regulatórias dos preços de alugueis e imóveis que mais frequentemente aparecem no debate político-jurídico, fornecendo subsídios para que gestores, administradores públicos e planejadores possam melhor ponderar suas aplicações e implicações.

Isso porque algumas políticas se implementadas pelo poder público podem significar remédios piores que a doença que visam combater, agravando o déficit habitacional, aumentando o preço de aluguéis ou depreciando ainda mais as condições de habitabilidade das moradias existentes. Este é o caso do aluguel social como auxílio financeiro em dinheiro, da locação compulsória de imóveis vazios ou subutilizados e das políticas de controles de preços de aluguéis.

Concluiu-se que a atuação da iniciativa privada no objetivo de redução do déficit habitacional no Brasil é possível e desejável. Através de um mercado aquecido e produzindo, além da geração de riqueza intrínseca ao desenvolvimento econômico, é possível se apoderar do potencial produtivo, por meio de parcerias público-privadas e políticas regulatórias que incentivem a cooperação para a construção de unidades habitacionais com fins sociais, como é o caso do aluguel social como política pública e das cotas de solidariedade, e reduzir o déficit habitacional no país.

Por fim, concluiu-se que a política pública mais efetiva para redução do déficit habitacional é a construção de habitações, aliada a uma política que estimule o uso dos imóveis vazios e subutilizados. Nesse sentido, é necessário que mais municípios regulamentem o IPTU progressivo no tempo de caráter sancionador, estimulando o combate do uso especulativo e antissocial da propriedade.

REFERÊNCIA BIBLIOGRÁFICA

BLANCO, Andrés G.; CIBILS, Vicente Fretes; MUÑOZ, Andrés F. **Procura-se casa para alugar: opções de política para a América Latina e Caribe.** BID. 2014.

GLAESER, Edward. **Os centros urbanos. A maior invenção da humanidade.** Rio de Janeiro: Campus, 2011.

OLIVEIRA. Natália Sales de. **Gentrificação e Moradia Social: como a política urbana pode atuar.** Dissertação de mestrado em Direito, UERJ. 2016.

TORRES, Marcos Alcino de Azevedo. **A propriedade e a posse: um confronto em torno da função social.** Rio de Janeiro: Lumen Juris, 2007.

A OUTORGA ONEROSA DO DIREITO DE CONSTRUIR COMO UM INSTRUMENTO DE POLÍTICA HABITACIONAL

[36]Cristiano Dias Tebaldi

[37]Milton Leonardo Jardim de Souza

RESUMO: Este trabalho pretende abordar a Outorga Onerosa do Direito de Construir - OODC como uma ferramenta de promoção do Direito Fundamental à Moradia. Inicialmente, serão abordados os paradigmas legais deste direito fundamental, em âmbito nacional e internacional, para posteriormente, correlacionar com as previsões e com os instrumentos jurídicos da Lei 10.257 de 2001 (Estatuto das Cidades). A OODC é um importante instrumento jurídico para promover a justa distribuição dos benefícios da urbanização e conter a mais-valia fundiária, podendo ser utilizado como um agente catalisador na implementação de uma política pública que garanta a efetividade do Direito à Moradia, visando conter a desigualdade social e consequentemente contribuindo para uma melhora na qualidade da Democracia.

---

[36]Advogado, Especialista em Direito Processual Civil. Mestrando em Direito da Universidade Federal do Estado do Rio de Janeiro. Email: cristianotebaldi@hotmail.com.
[37]Advogado, Mestrando em Direito da Universidade Federal do Estado do Rio de Janeiro. Email: m.leonardojardim@gmail.com.

Palavras-Chave: Direito à Moradia; Estatuto da Cidade; Outorga Onerosa do Direito de Construir; Política Urbana; Regulação Fundiária.

ABSTRACT: This paper intends to research to the Charges for Additional Building Rights as a tool to promote the housing rights. Initially, the legal paradigms of this fundamental right, at a national and international level, will be approached and then correlated with the forecasts and legal instruments of Law 10.257 of 2001 (Statute of the city). The Charges for Additional Building is an important legal instrument to promote the fair distribution of the benefits of urbanization and set the property value of land and can be used as a catalyst in the implementation of a public policy that guarantees the effectiveness of housing rights in order to reduce inequality social and consequently contributing to improve Democracy.

KEYWORDS: Housing rights; Statute of the City; Charges for Additional Building Rights; Land Policy; Land Regulation.

DELIMITAÇÃO DO PROBLEMA DE PESQUISA

Qual a aplicação dos Instrumentos da Política Urbana dispostos na Lei nº 10.257/2001 (Estatuto da Cidade) para ordenação e controle do uso do solo? Analisar a Outorga Onerosa do Direito de Construir como instrumento de política urbana para efetivação do direito à moradia e da função social da cidade.

Como a outorga Onerosa do Direito de Construir pode ser uma ferramenta de equilíbrio para contenção da mais-valia fundiária, valorizando a justiça social e redistribuindo os benefícios da urbanização para a coletividade?

HIPÓTESE

O trabalho busca apresentar soluções possíveis para o enfrentamento do problema do direito à moradia pela via da política pública e a efetivação dos instrumentos de política urbana preconizados pelo Estatuto da Cidade, com ênfase na efetividade da Outorga Onerosa do Direito de Construir.

A outorga onerosa do direito de construir pode representar uma poderosa ferramenta de política urbana visando o planejamento e controle para o crescimento ordenado das cidades, além de instrumento arrecadatório do Estado para execução de programas e projetos habitacionais de interesse social, uma solução possível para o déficit habitacional no médio/longo prazo.

PLANO DE TRABALHO

Modalidade Genérica de Investigação: Histórico-Jurídico, Jurídico-Comparativo e principalmente o método Jurídico-Propositivo. Efetivar uma leitura histórica do Estatuto da Cidade. Posteriormente a pesquisa centraliza-se na análise da OODC à luz da Constituição e sua correlação com as inovações da Lei 10.257/2001.

Modalidade Específica de Investigação: Pesquisa Teórica e Empírica: Nessa pesquisa pretende-se desenvolver um estudo do tema, compreendendo não somente os dados teóricos e a legislação formal, mas sendo abrangente e analisando os pontos de divergência e contato entre o diploma legal e a prática da Administração Pública, ressaltando pontos positivos e negativos.

SÍNTESE DAS PROPOSTAS

O Direito à Moradia é reconhecido como um direito relacionado ao princípio da dignidade da pessoa humana, sendo esta uma garantia fundamental constitucionalmente assegurada indistintamente a todos os indivíduos.

No plano internacional, o Direito à Moradia está consagrado pela Declaração Internacional dos Direitos Humanos de 1948, reconhecendo a dignidade humana e igualdade de direitos como fundamentos de justiça e paz no mundo.

Desse modo, é inequívoco que o Direito à Moradia é derivado do princípio da dignidade da pessoa humana, cabendo ao Estado e à sociedade civil o implemento de todo o necessário para a efetivação desse direito humano.

A Constituição Brasileira de 1988, já influenciada pela lógica da cidadania, traz no rol dos direitos sociais o reconhecimento do Direito à Moradia.

A Carta Magna define competências aos entes federados na formulação de políticas públicas de natureza habitacional, como dispõe o art. 21, XX, que define a competência da União na instituição de diretrizes para o desenvolvimento urbano, inclusive habitação, bem como o art. 23, IX, definindo a competência concorrente entre União, Estados e Municípios na promoção de programas de construção e moradias e melhorias das condições habitacionais.

O capítulo I do Título VII da Constituição Federal destinado a Ordem Econômica e Financeira, notadamente o art. 170, III, define que a propriedade privada destina-se a uma função social.

Este mandamento constitucional está refletido no art. 182, §2º da Constituição Federal, que estabelece a política de desenvolvimento urbano afirmando que a propriedade urbana cumpre a sua função social quando atende as exigências fundamentais de ordenação da cidade no seu plano diretor.

A legislação brasileira apresenta alguns avanços na regulamentação da ordem urbana e garantia do direito à moradia, a exemplo da Lei nº 10.257/2001 (Estatuto da Cidade). No entanto, todo esforço ainda se mostra insuficiente para a solução do grande déficit habitacional no Brasil.

É indispensável que a garantia ao Direito à Moradia seja efetivamente assegurada pelo Estado através de políticas públicas, uma vez que é a partir de um mínimo existencial de sobrevivência, diga-se abrigo/teto, que outros direitos fundamentais como saúde, educação e trabalho se concretizam no meio social. Ou seja, a moradia é um instrumento de efetivação da dignidade da pessoa humana. Do contrário, aquele que está privado de moradia digna está excluído da cidadania plena.

A Lei nº 10257/2001 inova no ordenamento jurídico brasileiro possibilitando os governos implantarem políticas visando à justa distribuição dos benefícios da urbanização (MOREIRA, 2002), atendendo a resolução dos problemas urbanos da falta de planejamento e instrumentos legais para aplicação de política urbana.

Assim sendo, uma das soluções possíveis para enfrentamento do problema do direito à moradia pela via da política pública é a efetivação dos instrumentos de política urbana preconizados pelo Estatuto da Cidade, que lamentavelmente vem sendo aplicados de forma tímida por muitos municípios brasileiros.

O Estatuto da Cidade surge, portanto, com o propósito de suprir as falhas legislativas e de planejamento, munindo os municípios de instrumentos jurídicos para atuar no ordenamento territorial e, por consequência, promoverem o acesso à cidade para todos (DOMINGUES, 2018).

Com o advento da Lei Federal nº 10.257, de 10 de julho de 2001 (Estatuto da Cidade), muitos instrumentos de natureza jurídico-política foram incorporados a política urbana, dentre estes temos a outorga onerosa do direito de construir, disposta no artigo 4º, inciso IV, alínea N, do Estatuto.

Lira (1997) conceitua a OODC como todo aproveitamento do terreno, no subsolo ou no espaço aéreo, envolvendo a criação de solo, desde que consentido, implicando por parte do beneficiário na obrigação de dar à comunidade uma contraprestação por esse excesso de utilização, geralmente acompanhado de sobrecargas incidentes sobre os equipamentos urbanos.

A outorga onerosa do direito de construir permite a criação de pisos artificiais acima de um determinado coeficiente de aproveitamento considerado como básico. No entanto, para construir acima do coeficiente de aproveitamento básico, será necessário pagar uma contraprestação a municipalidade, cuja finalidade será restaurar o equilíbrio urbano, garantindo um desenvolvimento sustentável ao município, bem como melhores condições de infraestrutura urbana a todos os habitantes.

Desse modo, será analisada a natureza desta contraprestação paga pelo proprietário como instrumento de política urbana direcionada a execução de programas e projetos habitacionais de interesse social, como preconiza o art. 26, II, do Estatuto da Cidade.

O Estatuto da Cidade promoveu avanços relevantes ao criar instrumentos jurídicos eficazes para controlar o crescimento desordenado das cidades e desenvolver uma política urbana equilibrada. No entanto, nossa realidade urbana ainda é muito marcada por cidades que se expandem de forma injusta e desordenada, permitindo a ocupação do território sem o devido planejamento urbano, este indispensável para a efetivação de direitos fundamentais, dentre eles o direito à moradia.

O Estado, especialmente a sua representação na esfera municipal, tem o dever de fiscalizar a adequada ocupação do território urbano, bem como de promover políticas públicas de natureza habitacional para o enfrentamento da questão do déficit de moradia e das ocupações irregulares. Sendo urgente revistar o Estatuto das Cidades e buscar implementar os instrumentos previstos para cumprir com os compromissos assumidos em sede constitucional, objetivando equacionar, na esfera habitacional, os efeitos deletérios da atual *Sociedade de Risco* (BECK, 1988).

REFERÊNCIA BIBLIOGRÁFICA

BECK, Ulrich. **Sociedade de risco: rumo a uma outra modernidade. Tradução de Sebastião Nascimento.** São Paulo: Ed. 34; 2011.

BRASIL. **Constituição Federal**. Disponível em

<
http://www.planalto.gov.br/ccivil_03/constituicao/constituicaocompilad
o.htm> Acesso em: 05 out 2018.

BRASIL. **Estatuto da Cidade: Lei 10.257/2001 que estabelece
diretrizes gerais da política urbana.** Brasília, Câmara dos Deputados,
2001.

CASTELLS, Manuel. **A questão urbana.** Rio de Janeiro: Paz e Terra,
1983.

Declaração Universal dos Direitos Humanos. Disponível em:
<http://www.comitepaz.org.br/download/Declara%C3%A7%C3%A3o
%20Universal%20dos%20Direitos%20Humanos.pdf> Acesso em: 26
set 2018.

BARANDIER, H.G; DOMINGUES, E.G.R.L. Visões Antagônicas na
Regulamentação da outorga onerosa do direito de construir nas cidades
do Rio de Janeiro e São Paulo. vol.04, nº 01. **Revista de Direito
Urbanístico, Cidade e Alteridade,** 2018.

LIRA, Ricardo Pereira. **Elementos de Direito Urbanístico.** Rio de
Janeiro: Renovar, 1997.

MOREIRA, Mariana. A História do Estatuto da Cidade. In: DALLARI,
Adilson Abreu; FERRAZ, Sérgio (coord.). **Estatuto da Cidade:
comentários à Lei Federal 10.257/2001.** São Paulo: Malheiros, 2002

A ARRECADAÇÃO DE IMÓVEIS URBANOS ABANDONADOS COMO PODER-DEVER DA ADMINISTRAÇÃO PÚBLICA MUNICIPAL

Eduardo Faria Fernandes[38]

Marcelo Queiroz[39]

RESUMO: O presente artigo analisa o instituto da arrecadação de imóveis urbanos abandonados como instrumento da regularização fundiária urbana. A partir da interpretação do regime jurídico estabelecido no artigo 1.276 do Código Civil e artigos 15, inciso IV, 64 e 65 da Lei nº 13.465/2017, este estudo enfrenta a questão a cerca da definição da natureza jurídica do instituto da arrecadação de imóveis

---

[38] Mestre em Direito Constitucional pelo Programa de Pós-graduação da Universidade Federal Fluminense (PGDC/UFF). Pós-graduado em Direito pela Escola de Magistratura do Estado do Rio de Janeiro. Graduado em Direito pela Faculdade Nacional de Direito (FND/UFRJ). Procurador do Município de Niterói. Advogado. Integrante do Grupo de Pesquisa, Ensino e Extensão em Direito Administrativo Contemporâneo (GDAC/UFF).

39 Doutorando em Direito da Cidade na Universidade do Estado do Rio de Janeiro (UERJ), Mestre em Direito Constitucional pela Universidade Federal Fluminense (UFF), Especialista em Direito do Consumidor e da Concorrência pela Fundação Getúlio Vargas (FGV), Especialista em Direito Financeiro e Tributário na Universidade Federal Fluminense (UFF), Especialista em Ciências Criminais e Segurança Pública na Universidade do Estado do Rio de Janeiro (UERJ), Curso de Extensão em Direito Previdenciário: regimes Públicos e Privados na Universidade do Estado do Rio de Janeiro (UERJ), Graduado em Direito pela Universidade do Estado do Rio de Janeiro (UERJ), Advogado militante.

urbanos abandonados, concluindo por defini-lo como poder-dever das Administrações municipais, que devem dele se utilizar na promoção de políticas públicas voltadas a regularização fundiária urbana.

PALAVRAS-CHAVE: arrecadação de imóveis urbanos abandonados; regularização fundiária urbana.

ABSTRACT: This article analyzes the institute of the collection of abandoned urban properties as an instrument of urban land regularization. Based on the interpretation of the legal regime established in article 1.276 of the Civil Code and articles 15, subsection IV, 64 and 65 of Law nº 13.465/2017, this study addresses the question about the definition of the legal nature of the collection of urban real estate abandoned, concluding by defining it as the power-duty of municipal administrations, which should be used to promote public policies aimed at urban land regularization.

KEYWORDS: collection of abandoned urban properties; urban land regularization.

Resumo Expandido

O Brasil é um país continental com mais de cinco mil municípios e uma população de aproximadamente duzentos e sete milhões de habitantes, que majoritariamente escolheram o ambiente urbano para fixar moradia. Esses números colocam em perspectiva os significativos impactos das questões urbanas no dia a dia dos brasileiros.

Dentre os desafios que o Poder Púbico precisa enfrentar na promoção do direito a cidades sustentáveis, chama atenção nas paisagens urbanas o número cada vez maior de imóveis em aparente situação de abandono. Um fato cada vez mais recorrente, que implica consequências muito negativas, particularmente, para as respectivas vizinhanças e que, em amplo espectro, compromete, sob diversos ângulos, o pleno atingimento das funções sociais da cidade.

Refletindo a necessidade de promoção da qualidade de vida no meio ambiente urbano, o ordenamento jurídico brasileiro tem dedicado cada vez mais espaço à ordenação do uso da propriedade urbana. Nesse contexto, o instituto da arrecadação de imóveis urbanos abandonados, inicialmente positivado no artigo 1.276 do CC e recentemente regulamentado na Lei n° 13.465/2017, revela-se um instrumento poderoso disponibilizado aos Municípios e ao Distrito Federal para a promoção da ordenação e execução da política urbana.

Dito isso, a demarcação do problema de pesquisa se constitui como o estudo do instituto da arrecadação de imóveis urbanos abandonados, seus fundamentos normativos, constitucionais e legais, suas características, elementos e pressupostos. Neste cenário, a problemática se apresenta através da análise da questão central do recorte do estudo, que se concentra no objetivo de definir se a arrecadação dos imóveis urbanos abandonados é, para o Poder Público municipal, um dever ou uma faculdade.

A doutrina administrativista confere significativa importância ao estudo dos Poderes da Administração Pública. A partir da concepção de que os Poderes da Administração devem ser sempre instrumentais e estar a serviço da persecução do interesse público é essencial identificar quais as circunstâncias esses Poderes revelam-se ao Poder Público como dever de agir a definição de limites do seu exercício legítimo. Ocorre que, especificamente em relação à prerrogativa conferida aos Municípios e ao Distrito Federal de arrecadar os imóveis urbanos abandonados, ainda não há um estudo que esclareça se esta seria uma mera faculdade da Administração Pública ou, se de fato, tratar-se-ia de um poder-dever em relação ao qual o Poder Público não poderia legitimamente se omitir.

Sob a perspectiva de que a ausência de um posicionamento doutrinário sólido acerca da natureza jurídica da prerrogativa de arrecadar imóveis urbanos abandonados dificulta a implementação de politicas públicas voltadas à gestão sustentável do espeço urbano, no encaminhamento da hipótese que rege o desenvolvimento deste trabalho, respeitados os entendimentos doutrinários e jurisprudenciais já sedimentados na cultura jurídica brasileira, acredita-se que, apesar da aparente ausência de um entendimento consolidado sobre o tema em estudo, seria possível identificar no instituto características que permitam concluir estar-se diante de uma faculdade ou de um poder-dever da Administração.

Considerada a hipótese da pesquisa e o objeto do trabalho, o estudo ora desenvolvido adequa-se a linha de pesquisa "(e) Instrumentos urbanísticos", justificando sua realização ante a necessidade de enfrentar tema que, apesar de fundamental para a utilização adequada do instituto da arrecadação de imóveis urbanos abandonados, ainda não foi diretamente abordado pela doutrina especializada.

O trabalho apesar de ter um parâmetro geral, se utiliza das disciplinas Direito Civil e Direito Administrativo, sem descuidar do enfrentamento da temática a luz do Direito Constitucional. A interdisciplinaridade do trabalho é inevitável, pois, o instituto da arrecadação de imóveis urbanos abandonados tem relação direta com a manifestação do direito de propriedade pelos particulares e a atuação do Poder Público no exercício do poder de polícia na fiscalização da função social da propriedade privada, transitando naturalmente nas searas civilista, administrativista e constitucional.

O método aqui utilizado foi o levantamento bibliográfico e jurisprudencial sobre o instituto da arrecadação de imóveis abandonados bem como sobre o exercício dos Poderes da Administração Pública

A partir das análises feitas, o **resultado** apesar de complexo, será sintetizado em resposta a pergunta: Diante da identificação de imóveis em estado de abandono dentro do perímetro urbano, estariam os Poderes Públicos municipais e distritais obrigados a arrecadá-los, ou a efetiva arrecadação estaria sujeita ao juízo de conveniência e oportunidade da Administração?

Diante dos esclarecimentos, a partir da delimitação, justificativa, objetivo e principalmente a metodologia, concluiu - se a partir da argumentação apresentada no artigo completo, que, considerada a estrutura normativa do instituto da arrecadação de imóveis urbanos abandonados, é dever dos Poderes Públicos municipais e distrital instaurar procedimento administrativo de arrecadação sempre que diante de circunstancias que permitam concluir pelo estado de abandono de determinado imóvel localizado no perímetro urbano.

REFERÊNCIA BIBLIOGRÁFICA

AMARAL NETO, Francisco dos Santos. **Direito Civil Brasileiro: Introdução.** Rio de Janeiro: Renovar, 2004.

BARROSO, Luís Roberto. **Curso de direito constitucional contemporâneo: os conceitos fundamentais e a construção do novo modelo.** São Paulo: Saraiva. 2009 .

CARVALHO, José dos Santos Filho. **Comentários ao Estatuto da Cidade.** Rio de Janeiro: Editora Lumen Juris, 2009.

COSTA, Alexandre Bernardino. e ACYPRESTE, Rafael de. Ações de reintegração de posse contra o movimento dos trabalhadores sem teto: dicotomia entre propriedade e direito à moradia. Rio de Janeiro: **Revista de Direito da Cidade**, vol. 08, n° 4, p. 1824 -1867.

DE FARIAS, Cristiano Chaves. O calvário do §2º do art. 1.276 do Código Civil: vida e morte de um malfadado dispositivo legal a partir de uma interpretação constitucional. **Revista Trimestral de Direito Civil**, vol. XXX, abr-jun. 2007, p. 16-24.

DINIZ, Marcio Augusto de Vasconcelos. Função Social da Propriedade e Livre Iniciativa. Uma Análise da Proibição de Cobrança do Uso do Estacionamento Pelos Shopping Centers. In: **Revista do Programa de Pós-graduação – UFC**, vol. 27. 2007. Disponível em: < http://www.periodicos.ufc.br/nomos/article/view/20428 >. Acesso em: 03 jun. 2018.

FONTES, André Ricardo Cruz; BASILIO, A. T. P.. A transformação da propriedade e a evolução das companhias no Direito brasileiro. **Revista de Direito do TJ-RJ**, v. 1, p. 41-44, 2009.

FREITAS, Juarez. **Direito Fundamental à Boa Administração Pública e o Direito Administrativo Brasileiro do século XXI. Direito Administrativo em Debate.** Rio de Janeiro, setembro, 2008. Disponível em: http://direitoadministrativoemdebate.wordpress.com. Acesso em: 03 abr. 2018.

FREITAS, Vladmir Passos de. **A Perda da Propriedade Abandonada com Valor Histórico.** MPMG Jurídico, Belo Horizonte, edição especial, p. 56-59, 2013. Disponível em: <https://aplicacao.mpmg.mp.br/xmlui/bitstream/handle/123456789/115 2/16%20R%20MJ%20-%20Perda%20da%20propriedade%20- %20Vladimir.pdf?sequence=1>. Acesso em 3 abr. 2018.

FREITAS, Vladmir Passos de. **Segunda Leitura: Função social e abandono de imóveis urbanos.** Disponível em: <https://www.conjur.com.br/2009-jan- 04/funcao_social_abandono_imoveis_urbanos>. Acesso em 2 mar. 2018.

GONDINHO, André Osório. Função social da propriedade. ln: **Problemas de direito civil constitucional**, coord. Gustavo Tepedino. Rio de Janeiro, Renovar, 2000.

HUMBERT, Georges Louis Hage. **Curso de Direito Urbanístico e das Cidades**. 1. ed. Rio de Janeiro: LMJ Mundo Jurídico, 2017.

JUSTEN FILHO, Marçal. **Curso de Direito Administrativo**. 6.ed. rev. e atual. Belo Horizonte: Fórum, 2010.

LOUREIRO, Francisco Eduardo. **Código Civil Comentado: doutrina e jurisprudência**. Coord. Min. Cezar Peluso. 7ª ed. rev. E atual. Barueri: Manuele, 2013.

MAZZILLI. Hugo Nigro. **A defesa dos interesses difusos em juízo: meio ambiente, consumidor e outros interesses difusos e coletivos.** 13.ed. São Paulo: Saraiva, 2001.

MELLO, Celso Antônio Bandeira de. **Discricionariedade e Controle Jurisidicional**, 2ª ed. São Paulo: Malheiros, 2010.

MELLO, Celso Antônio Bandeira de. Novos aspectos da função social da propriedade no Direito Público. **Revista de Direito Público**. São Paulo: 1984, n° 84, p.39-45.

MELO, Marco Aurélio Bezerra de. **Novo CC. Anotado (arts. 1.196 a 1.510).** 2ª Ed. Rio de Janeiro: Ed. Lumen Juris, 2006.

MENDES, Gilmar Ferreira; BRANCO, Paulo Gustavo Gonet. **Curso de Direito Constitucional**. 10ª ed. ver. e atual. São Paulo: Saraiva. 2015.

PEREIRA, Caio Mário da Silva. **Instituições de direito civil.** 20. ed. v. IV. Rio de Janeiro: Forense, 2009.

PONTES DE MIRANDA. **Tratado de Direito Privado**. Vol. 14, Borsoi: Rio de Janeiro, 1955.

SARMENTO, Daniel. **Direitos fundamentais e relações privadas**. 2. ed. Rio de Janeiro: Lúmen Júris, 2006.

SCHREIBER, Anderson. **Função Social da Propriedade na Prática Jurisprudencial Brasileira**, 2000. Disponível em: <http://www.andersonschreiber.com.br/downloads/Funcao_Social_da_Propriedade_na_Pratica_Jurisprudencial_Brasileira.pdf>. Acesso em: 28 mar. 2017.

SILVA, José Afonso da. **Direito Urbanístico Brasileiro**. São Paulo: Malheiros Editores, 2010.

TARTUCE, Flavio. **Manual de Direito Civil**: volume único. São Paulo: Método, 2011.

TEPEDINO, Gustavo. **Comentários ao Código Civil: direito das coisas**. Coord. Antonio Junqueira de Azevedo. São Paulo: Saraiva, 2011.

TEPEDINO, Gustavo. Contornos Constitucionais da Propriedade Privada. In: TEPEDINO, G. (Ed.). **Temas de Direito Civil**. 3o. ed. Rio de Janeiro: Renovar, 2004.

ZAVASCKI, T. A. A tutela da posse na Constituição e no projeto do Novo Código Civil. **Revista Direito e Democracia**, v. 5, n. 1, p. 7–28, 2004.

POLÍTICA URBANA E A FUNÇÃO SOCIOAMBIENTAL DAS CIDADES: DIREITO A CIDADES SUSTENTÁVEIS

URBAN POLICY AND THE SOCIAL-ENVIRONMENTAL ROLE OF CITIES: THE RIGHT TO SUSTAINABLE CITIES

Gustavo de Menezes Souza[40]

RESUMO: Ao longo das últimas décadas, o acelerado processo de urbanização tem alterado significativamente a relação do homem com o meio ambiente. Esta correlação resulta na maior relevância conferida ao desenvolvimento de políticas públicas e a questão ambiental, tendo como norte o direito a cidades sustentáveis. O presente estudo visa à indispensável conexão entre o planejamento urbano e a ordem ambiental sob a ótica da função social da cidade, perpassando por uma análise do Estatuto da Cidade e o papel do plano diretor na efetivação desse direito. Ainda, busca-se, por meio de uma breve análise holística das agendas urbanas, ressaltar a importância de se promover a sustentabilidade da urbe, sem a qual não há de se falar em meio

---
[40] Mestrando em Direito da Cidade pela UERJ; Pós-Graduado *(Lato Sensu)* em Direito Ambiental brasileiro pela PUC-Rio; Gerente Jurídico da Gerência de Direito Ambiental da Procuradoria do Instituto Estadual do Ambiente – INEA; professor da Universidade do Ambiente (SEA).

ambiente ecologicamente equilibrado e, por consequência, em dignidade da pessoa humana.

PALAVRAS-CHAVE: Planejamento Urbano. Meio Ambiente. Função socioambiental das cidades. Sustentabilidade. Direito à cidade.

ABSTRACT: Through out the last decades, the urbanization fast-paced process has been meaningfully changing the human relationship with the environment. This correlation makes for a greater relevance given to public policy development and to the environmental question, having the right to sustainable cities as a guide. The current study aims to clarify the needful connection between urban planning and the environmental order, from cities's social role perspective, including an analysis to City Statute and to the master plan's role in such right effectuation. Yet, through an short holistic analysis of the urban agendas, it pursues to highlight the relevance of promoting sustainability in the city, without which it is not possible to defend an ecologically balanced environment and, as a consequence, to stand up for human person dignity.

KEYWORDS: Urban Planning. Environment. Cities social-environmental role. Sustainability. Right to the city.

Resumo Expandido

Historicamente, tem-se observado que as cidades frequentemente estão associadas ao ideal de busca da felicidade do indivíduo que nela habita ou pretende habitar, pressupondo ser uma associação de pessoas que se relacionam almejando igualdade material e o direito de viver bem.

A cidade é a tentativa mais coerente de refazer o mundo em que se vive e de fazê-lo de acordo com seus mais profundos desejos. Assim, ao criar a cidade o homem recriou a si mesmo. Neste sentido, o direito à cidade é um direito de mudar e reinventar a cidade de acordo com nossos mais profundos desejos, sendo essa liberdade de criar e recriar a nós mesmos e as nossas cidades um dos nossos direitos humanos mais preciosos.

As cidades são versáteis, crescem e se modificam constantemente em razão das atividades diárias daqueles que a compõe, intervindo no espaço urbano das mais variadas formas. Fatos históricos, políticos, religiosos, culturais e econômicos produzem, então, características em seu espaço capazes de transformar o ambiente e definir sua configuração. Inegavelmente, o tipo de cidade que almejamos e construímos reflete o tipo de pessoas que somos ou queremos ser, o tipo de relações socais que buscamos, quais são nossos valores estéticos e que relação com a natureza mais nos satisfaz.

Assim, para que a cidade atenda os anseios de seus habitantes, torna-se necessário o controle das atividades nela exercidas e das transformações que nela ocorrem, devendo o direito à cidade ser interpretado como direito à cidade sustentável.

Em outras palavras, o planejamento territorial das áreas urbanas (e rurais) deve observar a promoção do acesso à moradia adequada, bens e prestações de serviços que auxiliem e promovam a cidadania e a justiça social e o respeito ao meio ambiente.

É neste cenário que se insere o objeto de exame deste artigo. O estudo visa à indispensável conexão entre o planejamento urbano e a ordem ambiental sob a ótica da função social da cidade, perpassando por uma análise do Estatuto da Cidade e o papel do plano diretor na efetivação desse direito. Ainda, busca-se, por meio de uma breve análise holística das agendas urbanas, ressaltar a importância de se promover a sustentabilidade da urbe, sem a qual não há de se falar em meio ambiente ecologicamente equilibrado e, por consequência, em dignidade da pessoa humana.

O presente estudo busca, então, conectar, por método hipotético-dedutivo, o planejamento urbano às questões relacionadas ao meio ambiente, de forma a tentar demonstrar a atual e equivocada dissociação entre as políticas urbanas e as agendas ambientais. Para tanto, recorre-se à vasta bibliografia sobre o tema e análise documental, optando-se por uma abordagem qualitativa, com o intuito de verificar os pontos abordados. Tal iniciativa decorre da recente incorporação do 'Direito à Cidade' na Nova Agenda Urbana, tendo em vista ser a primeira vez que em um documento das Nações Unidas o termo foi incluído, configurando-se, por concreto, a sua internacionalização, abrindo espaço para um diálogo que possibilite repensar a cidade de uma forma mais coletiva, participativa e inclusiva.

Tem-se, por fundamentação, que o direito humano fundamental ao meio ambiente ecologicamente equilibrado está intrinsicamente conectado com a gestão da urbe e ao planejamento urbano. O reconhecimento deste direito é uma condição necessária para que se alcance um padrão de vida adequado e se assegure o direito a cidades sustentáveis.

Destarte, na adoção das políticas públicas, a fim de se concretizar o direito a cidades sustentáveis e sua função social, incorre-se na premente necessidade de correção das injustiças e profundas desigualdades sociais que caracterizam a realidade urbana atual, fruto de um processo de uso e ocupação do espaço idealizado por uma elite dominante.

REFERÊNCIA BIBLIOGRÁFICA

ABREU, Maurício de Almeida. **Evolução Urbana do Rio de Janeiro.** Rio de Janeiro: Prefeitura da Cidade do Rio de Janeiro, 2013. 4ª Edição.

COIMBRA, José de Ávila Aguiar. **O outro lado do meio ambiente: uma incursão humanista na questão ambiental.** Campinas: Millenium, 2002.

HARVEY, David. **Cidades Rebeldes: do direito à cidade à revolução urbana**. São Paulo: Martins Fontes, 2014.

MELO, Lígia. **Direito à Moradia no Brasil. Política urbana e acesso por meio da regularização fundiária**. Belo Horizonte: Fórum, 2010.

MILARÉ, Édis. Direito do Ambiente: doutrina, prática, jurisprudência, glossário. 8° ed. São Paulo: **Revista dos Tribunais**, 2013.

MOREIRA, Danielle de Andrade. O direito a cidades sustentáveis. In: **Revista de Direito da Cidade**. Rio de Janeiro: HARBRA, 2006, v.1.

MORENO, Júlio. **Habitat III: incorporação do Direito à Cidade "salva" a Nova Agenda Urbana**. Publicado em 20 out 2016 em < http://www.caubr.gov.br/habitat-iii-incorporacao-do-direito-a-cidade-salva-a-nova-agenda-urbana/>.

ONU. **Habitat III: países adotam nova agenda para urbanização sustentável**. Publicado em 21 out 2016. Disponível em < https://nacoesunidas.org/habitat-iii-paises-adotam-nova-agenda-para-urbanizacao-sustentavel/>.

OSORIO, Letícia Marques. O direito à moradia como direito humano. In: **Direito à moradia adequada: o que é, para quem serve, como defender e efetivar**. FERNANDES, Edésio. ALFONSIN, Betânia [Coord.]. Belo Horizonte: Fórum, 2014.

PARK, Robert, On Social Control and Collective Behavior. Chicago: Chicago University Press, 1967, p.3. In: HARVEY, David. **Cidades Rebeldes: do direito à cidade à revolução urbana**. São Paulo: Martins Fontes, 2014.

SANTOS, Angela Moulin Simões Penalva. **Política urbana no contexto federativo brasileiro. Aspectos institucionais e financeiros.** Rio de Janeiro: EdUERJ, 2017.

SANTOS, Milton. **A urbanização brasileira**. São Paulo: HUCITEC, 1993.

UN-HABIT. Guia online. Disponível em: < http://www.sinus.org.br/2011/press/downloads/ff3dacd1572f0fa4dc36c 978d2cde5d3.p df>.

A CONSTRUÇÃO DO DIREITO DA CIDADE COMO EXPERIÊNCIA DEMOCRÁTICA BRASILEIRA - DA UTOPIA DE LEFEBVRE AO ENFRENTAMENTO DE PROBLEMÁTICAS NACIONAIS

Lorena Ferraz [41].

Marcelo Queiroz [42].

RESUMO: O artigo apresenta a tese Direito da Cidade como instrumento de fortalecimento da Democracia. O objeto de estudo é a amplitude e influência do conceito de Lefebvre na realidade brasileira. Por meio da leitura de institutos e princípios da Constituição de 1988, que promovem a participação popular, e pelo estudo da dinâmica de apropriação do conceito por diferentes movimentos sociais, buscou-se a reflexão acerca da relação entre o indivíduo e o espaço urbano frente às especificidades da urbanização brasileira.

---

[41] **Lorena de Mello Ferraz.** Aluna de Direito da Universidade Federal do Estado do Rio de Janeiro (UNIRIO).
[42] **Marcelo Queiroz.** Doutorando em Direito da Cidade na Universidade do Estado do Rio de Janeiro (UERJ), Mestre em Direito Constitucional pela Universidade Federal Fluminense (UFF), Especialista em Direito do Consumidor e da Concorrência pela Fundação Getulio Vargas (FGV), Especialista em Direito Financeiro e Tributário na Universidade Federal Fluminense (UFF), Especialista em Ciências Criminais e Segurança Pública na Universidade do Estado do Rio de Janeiro (UERJ), Curso de Extensão em Direito Previdenciário: Regimes Públicos e Privados na Universidade do Estado do Rio de Janeiro (UERJ), Graduado em Direito pela Universidade do Estado do Rio de Janeiro (UERJ), Advogado militante. Rio de Janeiro, RJ.

PALAVRAS–CHAVE: Direito da Cidade. Democracia. Participação Popular. Urbanização.

ABSTRACT: The article presents the thesis of the law of the city as an instrument to strengthen democracy. The object of study is the breadth and influence of Lefebvre's concept in the Brazilian reality. Through the reading of institutes and principles of the 1988 Constitution, which promote popular participation, and through the study of the dynamics of appropriation of the concept by different social movements, we sought to reflect on the relationship between the individual and the urban space facing the specificities of Brazilian urbanization.

KEYWORDS: Law of the City. Democracy. Popular participation. Urbanization.

INTRODUÇÃO

As cidades brasileiras tornaram-se segregadoras, excludentes e injustas exatamente pelo fracasso do pensamento liberal no que se refere à questão, incentivando a prática especulativa do mercado imobiliário que não vê as cidades senão como um valor de troca, um facilitador da obtenção de lucro financeiro desmedido e injustificado.

O presente artigo principia sua reflexão com a percepção da importância da consciência do espaço urbano como local de encontros e de divergências. Em sentido contrário ao da leitura tradicional da urbanização como mera consequência da industrialização, é proposto o debate acerca do sentido da construção e da modulação da organização das cidades de forma que sejam medidas as finalidades e interesses pulsantes no espaço, para que a estruturação espacial não seja resultado direto de uma equação de poderes econômicos.

Para isso, a fonte teórica que conduziu o presente estudo é a ideia utópica de Direito da Cidade Lefebvre, cunhada em seu livro Direito da Cidade de 1968. O artigo busca problematizar a garantia do Direito da Cidade no Brasil. A partir da compreensão pretendida pelo autor acerca dos efeitos que os avanços técnico-produtivos promovem, sendo estes, sinteticamente, a redução dos espaços de troca e a limitação do uso pleno da cidade pelas pessoas, em um aprofundamento das desigualdades,

Analisar as especificidades brasileiras é prioridade para delimitar a amplitude do conceito de Direito da Cidade em território nacional e, principalmente, seu ponto de partida. Nesta análise surgem problemas estruturais que caracterizam o país muitas vezes como arcaico. São levantadas questões como a concentração fundiária, as moradias irregulares e os institutos constitucionais que visam solucionar tais problemas.

Neste contexto de muitos desafios, em que a utopia de Lefebvre parece ainda mais distante, é que surge o elemento central do conceito de Direito da Cidade. No estudo da Constituição Federal vigente, o instituto do Plano Diretor destaca-se como promotor da participação popular, representando fortemente a democracia direta.

95

O artigo aponta a presença do pensamento de Direito da Cidade na promoção da participação popular por parte do Estado. Mas não se restringe a esta esfera, analisando os novos significados atribuídos pela popularização desse conceito principalmente pelos movimentos sociais. Longe de banalizar ou reduzir as reivindicações à mera busca por acesso a bens e serviços públicos, as manifestações populares que clamam por direito à cidade se apresentam como traduções dos novos entendimentos possíveis. Sendo que em todos eles o cidadão assume papel de protagonista do planejamento urbano, no sentido primitivo de autogestão.

OBJETIVOS

Em vista da realidade de desigualdade e concentração de renda nacional, não é possível fugir da análise de questões objetivas e primárias como o acesso a moradia, e a distribuição igualitária de bens e serviços. Com o objetivo de fortalecer a importância da participação popular no planejamento urbano, faz-se necessário o questionamento sobre as realidades duais e a existência de cidadãos e não cidadãos. Por esta razão, o trabalho tem como objetivo contribuir para a busca de soluções para o enfrentamento de tais obstáculos estruturais. A redução das desigualdades é um pressuposto necessário para a conquista de um Direito da Cidade mais amplo.

O artigo tem como objetivo também a valorização dos meios legais e institucionais de promoção da participação popular presentes na

Constituição de 1988, como forma de ascender o debate sobre a efetividade e a observância real das previsões presentes na Constituição Cidadã. Tal intuito está ligado ao combate entre a distância do que a lei prevê e o que a realidade apresenta.

Em sequência a proposta passa a ser de transformação e ressignificação do espaço urbano como ambiente que deve perseguir o bem-estar do cidadão e o seu uso pleno não somente assegurando-lhe infraestrutura, mas, também espaços para o exercício da plena cidadania. Neste sentido analisar as demandas dos movimentos sociais é dar voz a novas compreensões que estendem o significado de cidadania.

Dar visibilidade a questões como a luta pela livre manifestação, em oposição a opressão policial. Dar espaço para manifestações culturais compreendendo que o indivíduo necessita demonstrar pertencimento ao espaço. Levantar bandeiras como a preservação de monumentos históricos, locais de preservação ambiental, ou proteção a culturas tradicionais quando em conflito com interesses econômicos. Todos estes são objetivos alçados pelo presente estudo, pois potencializam o exercício da democracia e estão relacionados ao pensamento original de Direito da Cidade, no qual o cidadão não busca somente o consumo mas a apropriação do espaço.

CONCLUSÃO

O artigo tem o intuito de acompanhar a trajetória brasileira na compreensão, construção e garantia do Direito da Cidade. Tanto no âmbito do ordenamento jurídico como nas expressões populares é possível notar um entendimento singular, que busca a solução de contradições básicas por meio do exercício pleno da Democracia. Assim, a concretude de Direito da

Cidade é de instrumento de transformação social que parte de encontros de olhares sobre o outro e sobre si próprio no espaço urbano.

Tanto quanto a aprovação de novas leis e a criação de novos instrumentos urbanísticos é necessária a consolidação do paradigma trazido pelo texto constitucional a fim de minimizar a resistência às políticas urbanas progressistas. Seguindo nesse sentido, o plano diretor se mostra como a mais efetiva ferramenta à disposição dos Municípios na busca por cidades mais justas, eficientes e inclusivas. Entretanto, a obrigatoriedade de aprovação do plano diretor imposta pela Constituição Federal de 1988 não é critério suficiente a garantir sua eficácia.

É necessário que os agentes públicos municipais compreendam o significado e a importância deste instrumento, inclusive como facilitador do processo de gestão da política de desenvolvimento urbano municipal. O plano diretor deve ser utilizado como uma importante ferramenta na busca da efetivação da função social da propriedade e da cidade, não como arma de barganha política tão comum nas práticas clientelistas usuais nos processos de tomada de decisão em todos os setores da administração pública.

Cabe, então, aos Municípios, como palco principal da efetivação das políticas de desenvolvimento urbano, promoverem a integração entre planejamento, legislação e gestão urbanas, de forma a garantir o viés democrático ao processo decisório conferindo legitimidade a essa nova ordem jurídico-urbanista de natureza social e inaugurando um novo tempo para as cidades brasileiras.

REFERÊNCIA BIBLIOGRÁFICA

BELLO, Enzo. **Teoria dialética da cidadania**: política e direito na atuação dos movimentos sociais urbanos de ocupação na cidade do Rio de Janeiro. 2011. 432 f. Tese (Doutorado em Direito). Programa de Pós-Graduação - Universidade do Estado do Rio de Janeiro, Rio de Janeiro, 2011.

BRASIL. Constituição (1988). **Constituição da República Federativa do Brasil**. Brasília, DF: Senado Federal: Centro Gráfico, 1988.

CARLOS, Ana Fani Alessandri. A reprodução da cidade como negócio. In: CARLOS, Ana Fani Alessandri; CARRERAS, C. (Org.). **Urbanização e mundialização**: estudos sobre a metrópole. São Paulo: Contexto, 2004.

GOMES, Renato Cordeiro. **Todas as cidades, a cidade**: literatura e experiência urbana. Rio de Janeiro: Rocco, 1994.

LEFEBVRE, Henri. **O Direito à Cidade**. 5. ed. São Paulo: Centauro Editora, 2008.

MARICATO, E. **Brasil, cidades**: uma alternativa para a crise urbana. Petrópolis, RJ: Vozes, 2001.

RIFKIN, Jeremy. **A Terceira Revolução Industrial**: como o poder lateral está transformando a energia, a economia e o mundo. São Paulo: M. Books do Brasil, 2012.

ROLNIK, Raquel. **A cidade e a lei**: legislação, política urbana e territórios na cidade de São Paulo. 3. ed. São Paulo: Studio Nobel; FAPESP, 1997.

_____. **Guerra dos lugares**: a colonização da terra e da moradia na era das finanças. São Paulo: Boitempo, 2015.

_____. **O que é cidade**. 3. ed. São Paulo: Brasiliense, 2004.

TAVOLARI, Bianca. Direito à Cidade: uma trajetória conceitual. **Novos Estudos CEBRAP,** 2016.

DESTOMBAMENTO E DISCRICIONARIEDADE ADMINISTRATIVA

CULTURAL HERITAGE UNPROTECTION AND ADMINISTRATIVE DISCRETION

Thiago Serpa Erthal[43]

RESUMO: Este resumo expandido objetiva fazer uma análise sobre o julgamento pelo TJMG e STJ de recursos em ação de improbidade administrativa movida pelo MPMG contra ex-Prefeito do Município de Oliveira por suposto ato de improbidade administrativa consistente no destombamento do imóvel conhecido como "Casarão da Figurinha". Busca-se fazer um cotejo das circunstâncias do caso concreto com a moderna teoria sobre discricionariedade técnica e administrativa a fim de ratificar ou criticar a decisão condenatória exarada por ambos os órgãos jurisdicionais.

PALAVRAS-CHAVE: Patrimônio cultural. Tombamento. Discricionariedade. Improbidade administrativa.

---

[43] Doutorando e Mestre em Direito da Cidade pela Universidade do Estado do Rio de Janeiro. Procurador Federal.

ABSTRACT: This summary aims to make an analysis of the judgment of appeals in improbity action against former Mayor of the Municipality of Oliveira for alleged administrative misconduct consistent with the unprotection act of a cultural property known as "Casarão da Figurinha". It seeks to make a comparison of the circumstances of the case with the modern theory of technical and administrative discretion in order to ratify or criticize the conviction handed down by both courts.

KEYWORDS: Cultural heritage. Protection. Discretion. Administrative misconduct.

Resumo expandido:

Em uma democracia representativa, os limites de atuação daqueles nomeados a exercer em nome próprio a vontade do povo colocam-se como um ponto crucial da própria existência desse sistema de organização sociopolítica. Tais balizas diferenciam ordenamentos verdadeiramente democráticos de outros tantos regimes em que a vontade popular é secundária no que se refere à atuação do Estado.

Esses limites de atuação são diversos. Na seara política, o controle popular pelo voto é (ou ao menos deveria ser) imprescindível. No campo social, a resistência civil a normas jurídicas manifestamente dissociadas da vontade geral (as chamadas "leis que não pegam") também caracterizam limites de atuação dos representantes.

A ciência jurídica, tal como as ciências sociais de uma forma geral, está permeada por essa ideia. Muito do que se estuda em direito público diz respeito exatamente a essas balizas estatais: talvez a existência e eficácia os direitos fundamentais de primeira dimensão sejam a representação mais evidente dessa assertiva.

Para o que aqui interessa, propõe-se um exame dessas barreiras e das consequências por eventual transpasse delas à luz de uma categorização clássica e notória dos atos administrativos em vinculados e discricionários. De forma mais específica, quer-se compreender criticamente a utilização desses conceitos jurídicos pelo Superior Tribunal de Justiça – STJ no julgamento do recurso especial nº 1.656.889/MG (relator min. Herman Benjamin, julgado em 20/04/2017).

Cuidou-se na oportunidade de suposto ato ímprobo praticado pelo ex-prefeito do Município de Oliveira consistente no destombamento do imóvel conhecido como "Casarão da Figurinha". Proposta ação de improbidade administrativa pelo Ministério Público do Estado de Minas Gerais – MPMG, os pleitos exordiais foram julgados improcedentes em primeira instância.

O Tribunal de Justiça de Minas Gerais – TJMG deu parcial provimento à apelação interposta pelo MPMG para condenar tão-somente o ex-prefeito[44], nos moldes do art. 10, *caput*, da Lei nº

---

[44] A ação de improbidade foi proposta também em face de servidor do "Setor de Obras e Serviços Urbanos" do Município, que foi absolvido em todas as instâncias.

8.429/92, nas penas de ressarcimento integral do dano, proibição de contratar com o Poder Público ou receber benefícios ou incentivos fiscais ou creditícios por cinco anos, suspensão dos direitos políticos também por cinco anos e pagamento de multa civil em 40% do valor da extensão do dano.

O STJ não conheceu o recurso especial interposto pelo condenado, em acordão que restou assim ementado:

> PROCESSUAL CIVIL. IMPROBIDADE ADMINISTRATIVA. PRESENÇA DO ELEMENTO SUBJETIVO. RECONHECIMENTO PELO TRIBUNAL DE ORIGEM. DOSIMETRIA. SANÇÃO. CONEXÃO. MATÉRIA FÁTICO-PROBATÓRIA. SÚMULA 7/STJ. RECURSO ESPECIAL NÃO CONHECIDO.
> 1. Cuida-se, na origem, de Ação de Improbidade Administrativa proposta pelo Ministério Público estadual contra o ora recorrente, ex-Prefeito de Oliveira, e outro, objetivando a sua condenação pela prática de ato ímprobo, consistente no destombamento do imóvel conhecido como "Casarão da Figurinha".
> [...]
> 8. O Tribunal de origem foi categórico em afirmar a presença do elemento subjetivo, in casu, o dolo. Vejamos: "A sentença combatida merece parcial reforma para determinar a responsabilização e punição de Ronaldo Resende Ribeiro, enquanto Prefeito da cidade de Oliveira. Isto porque restou incontroversa a conduta dolosa do agente público em determinar o desfazimento do tombamento, bem como a destruição de bem imóvel que espelhava a cultura arquitetônica da cidade de Oliveira." (fl. 361, grifo acrescentado).
> 9. Modificar a conclusão a que chegou a Corte de origem, de modo a acolher a tese do recorrente,

demanda reexame do acervo fático-probatório dos autos, o que é inviável em Recurso Especial, sob pena de violação da Súmula 7 do STJ. [...] 13. Recurso Especial não conhecido. (REsp 1656889/MG, Rel. Ministro HERMAN BENJAMIN, SEGUNDA TURMA, julgado em 20/04/2017, DJe 05/05/2017)

Em suma, o Poder Judiciário considerou que o então Prefeito do Município de Oliveira não possuía discricionariedade de determinar o destombamento do imóvel "Casa da Figurinha" e, ao assim proceder, cometeu ato de improbidade administrativa. Impôs-se ao representante do povo uma baliza jurídica, tal como se apontou ser possível nas primeiras linhas deste resumo expandido.

No entanto, ao fazê-lo, o TJMG e o STJ não parecem ter se apoiado na distinção doutrinariamente consolidada entre discricionariedade técnica e administrativa, a primeira a ser exercida pelo órgão com *expertise* no assunto, mas a segunda pressupondo não apenas um exame técnico como também uma ponderação de valores típica da atividade administrativa exercida pelos representantes populares.

Nesse sentido, Andreas Krell (2013, p. 19) coloca em xeque a dicotomia inflexível entre atos vinculados e discricionários. Para o autor, vinculação e discricionariedade são extremos inalcançáveis, dois pontos hipotéticos que determinam os limites de uma linha de gradação dos atos concretos, alguns mais vinculados outros mais discricionários.

Os atos administrativos seriam graduados de acordo com a determinação linguística dos conceitos jurídicos utilizados nas normas vigentes e aplicáveis à hipótese. Quanto menos subjetivismo a norma viabilizar, maior será o grau de vinculação do administrador, ao passo que expressões que admitam diversas interpretações conduziriam a uma mais acentuada discricionariedade administrativa.

Assim, há conceitos que são objetivamente compreendidos, tais como a idade das pessoas, distância entre prédios e tamanho de imóveis. Esses no máximo dependerão de simples verificação aritmética, não passível de gerar interpretação divergente, salvo erro do sujeito. Porém, muito mais comuns são os conceitos legais que possuem natureza empírica e descritiva, ou seja, aqueles determináveis a partir da observação de objetos cotidianos.

Eles são fundamentalmente perceptíveis pelos sentidos, ou seja, são dotados de forte imperativo linguístico, revelado com base no senso comum ou, eventualmente, em conhecimento científico. Novamente, o papel do intérprete é mais de revelador da norma, e menos de produtor interpretativo da mesma. Parece que nesse grau de (in)determinação se enquadraria, em parte, a chamada discricionariedade técnica.

Assim, considerando que os conceitos jurídicos indeterminados seriam determináveis, possibilitar-se-ia uma ampla atuação jurisdicional, cabendo ao poder judiciário analisar se a atuação do administrador está de acordo ou não com a lei. Dessa forma, termos como "preço justo", "doença grave" e "impacto ambiental" não confeririam discricionariedade aos órgãos executivos, mas apenas lhe incumbiriam o ônus de revelar a melhor interpretação possível, dentre diversas alternativas.

Por fim, além dos conceitos objetivamente compreendidos e daqueles que possuem natureza empírica e descritiva, há também as normas valorativas, ou seja, aquelas tipicamente abertas, cujo significado depende obrigatoriamente de complementação subjetiva a partir de valores próprios ao intérprete. Esse é o campo adequado da discricionariedade administrativa e aquele que traz maior gama de problemas, desde a possibilidade de intervenção judicial até a liberdade do administrador de rever seus atos.

Isso porque tais conceitos não apenas são indeterminados, mas o método a partir do qual a norma se produz é distinto daqueles anteriormente vistos. Não mais se fala em complementação do texto por mera percepção empírica ou técnica. Há necessidade de valoração dos mesmos, tomando por base fundamentos subjetivos que, em regra, não são unanimemente intuitivos.

Assim, a norma aplicável ao caso concreto se cria a partir do cotejo do texto legal, que contém expressões conceitualmente abertas, e os valores inerentes ao intérprete/executor do comando. E, nesse processo, expressões como "bem comum", "boa fé", "probidade", "função social" e "pobreza" abrem ao administrador diversas condutas possíveis, todas igualmente razoáveis, cabendo-lhe optar por uma delas.

Nesse campo tipicamente discricionário, deve-se reconhecer legítima a decisão, ainda que não seja a preferida do juiz, do membro do Ministério Público ou de qualquer cidadão, por um simples motivo:

107

até que se demonstre o contrário, o administrador é o representante do povo, eleito democraticamente, e exerce atividade por esse delegada. Assim, dentre as distintas opções discricionárias razoáveis, aquela emanada do órgão executivo deve prevalecer.

O tombamento, como instrumento de proteção do patrimônio cultural, não é infenso à ponderação de valores. Ora se deve pesar mais esse interesse constitucionalmente assegurado (CF, art. 216), outra ele vai ceder espaço a outros valores igualmente importantes. Existe, portanto, um espaço de atuação delimitado juridicamente pela discricionariedade administrativa atinentes às circunstâncias em concreto.

Nesse sentido, a conclusão exarada tanto pelo TJMG como pelo STJ no caso acima referido parece não se conformar a tal ideia, sobrelevando por demais a discricionariedade técnica em uma seara mais própria da discricionariedade administrativa. E ao fazê-lo impuseram ao então Prefeito – sem uma análise mais aprofundada – as graves sanções previstas na Lei nº 8.429/1992.

REFERÊNCIA BIBLIOGRÁFICA

AHMED, Flávio; COUTINHO, Ronaldo (orgs.). **Patrimônio cultural e sua tutela jurídica**. Rio de Janeiro: Lumen Juris, 2009.

BINENBOJM, Gustavo. **Uma teoria do Direito Administrativo**. 3. ed. Rio de Janeiro: Renovar, 2014.

DI PIETRO, Maria Sylvia Zanella. **Discricionariedade administrativa na Constituição de 1988**. 2. ed. São Paulo: Atlas, 2001.

FERNANDES, Edésio; ALFONSIN, Betânia (orgs.). **Revisitando o instituto do tombamento**. Belo Horizonte: Forum, 2010.

FUNARI, Pedro Paulo Abreu; PELEGRINI, Sandra de Cássia Araújo. **Patrimônio histórico e cultural**. Rio de Janeiro: Zahar, 2006.

GARCIA, Emerson (coord.). **Discricionariedade administrativa**. Rio de Janeiro: Lumen Juris, 2005.

GUERRA, Sergio. **Discricionariedade e reflexividade: uma nova teoria sobre as escolhas administrativas**. 2. ed. Rio de Janeiro: Forum, 2013.

KRELL, Andreas Joachim. **Discricionariedade administrativa e conceitos legais indeterminados**. 2. ed. Porto Alegre: Livraria do Advogado, 2013.

_____. **Discricionariedade administrativa e proteção ambiental:** o controle dos conceitos jurídicos indeterminados e a competência dos órgãos ambientais: um estudo comparativo. Porto Alegre: Livraria do Advogado, 2004.

MARCHESAN, Ana Maria Moreira. **A tutela do patrimônio cultural sob o enfoque do direito ambiental**. Porto Alegre: Livraria do Advogado, 2007.

MELLO, Celso Antônio Bandeira de. **Discricionariedade e controle jurisdicional**. 2. ed. São Paulo: Malheiros, 2001.

RABELLO, Sonia. **O Estado na preservação dos bens culturais: o tombamento**. Rio de Janeiro: Renovar, 1991.

SOUZA FILHO, Carlos Frederico Marés. **Bens culturais e sua proteção jurídica**. 3 ed. Curitiba: Juruá, 2009.

BEM-ESTAR URBANO E A AGENDA 2030 DA ORGANIZAÇÃO DAS NAÇÕES UNIDAS: DESAFIOS PARA OS AGLOMERADOS SUBNORMAIS DO MUNICÍPIO DO RIO DE JANEIRO

URBAN WELFARE AND THE 2030 AGENDA OF THE UNITED NATIONS ORGANIZATION: CHALLENGES FOR THE UNDERGROUND AGGLOMERATES OF THE MUNICIPALITY OF RIO DE JANEIRO

Thuany de Moura C. Vargas Lopes [45]

RESUMO: O presente trabalho analisará o bem-estar urbano na perspectiva da Agenda 2030 estabelecida mundialmente pela Organização das Nações Unidas (ONU) a partir dos Objetivos de Desenvolvimento Sustentável (ODS´s). Tal analise de bem-estar urbano será aplicada diretamente aos aglomerados subnormais do município do Rio de Janeiro, uma vez que possuem historicamente questões estruturais e sociais pendentes de resolução. Destacar-se-ão especificamente dois objetivos da Agenda 2030 deliberados em Nova

---

[45] Mestranda em Direito pela Universidade Federal do Estado do Rio de Janeiro-UNIRIO e pós-graduada em MBA Executivo em Direito Empresarial pela FGV/RJ. Aluna vinculada ao Programa de Pós-Graduação em Direito da UNIRIO. Advogada. E-mail: thuanymvargas@gmail.com

York: a promoção do bem-estar para todos, elencada no terceiro objetivo e; a transformação de assentamentos humanos em lugares inclusivos e sustentáveis, exposto no décimo primeiro objetivo. Diante das metas da ONU escolhidas e enfim apresentadas, assim como diante do conceito de aglomerados subnormais estabelecido pelo Instituto Brasileiro de Geografia e Estatística (IBGE), serão mostrados os desafios para implementação das melhorias necessárias a garantir o bem-estar urbano nessas localidades. A falta de inclusão dos aglomerados na agenda pública e o domínio de grupos armados, por exemplo, acarretam um óbice à efetivação dos objetivos, devendo a Administração considerá-los para que até 2030 o cenário seja diverso e de acordo com as metas firmadas.

PALAVRAS-CHAVE: Bem-estar urbano; Agenda 2030 da Nações Unidas; Aglomerados subnormais; Município do Rio de Janeiro.

ABSTRACT: The present work will analyze the urban well-being in the perspective of Agenda 2030 established worldwide by the United Nations (UN) from the global Sustainable Development Objectives (ODS's). This analysis of urban well-being will be applied directly to the subnormal clusters of the city of Rio de Janeiro, since they historically have structural and social issues pending resolution. Two specific objectives of Agenda 2030 will be highlighted in New York: the promotion of well-being for all, listed in the third objective and; the transformation of human settlements into inclusive and sustainable places, set out in the eleventh objective. In view of the UN goals chosen and finally presented, as well as the concept of subnormal clusters established by the Brazilian Institute of Geography and Statistics (IBGE), the challenges for implementing the improvements necessary to guarantee urban well-being in these localities will be shown. The lack of inclusion of agglomerates in the public agenda and the domination of armed groups, for example, hinder the achievement of the objectives, and the Administration must consider them so that by 2030 the scenario will be diverse and in accordance with the goals established.

KEYWORDS: Urban welfare; United Nations Agenda 2030; Subnormal clusters; Municipality of Rio de Janeiro.

BEM-ESTAR URBANO E A AGENDA 2030 DAS NAÇÕES UNIDAS

Em 2015 após o término do prazo dos oito objetivos traçados a partir da Declaração do Milênio das Nações Unidas, os 195 Estados-membros da ONU reuniram-se em setembro para adotarem novos objetivos em prol do desenvolvimento sustentável. Nesse encontro adotou-se a chamada Agenda 2030, na qual estabeleceu 17 objetivos e 169 metas para a devida efetivação.[46]

Dentre os 195 Estados-membros lá estava o Brasil, na presença da então presidente Dilma Roussef que também discursou na 70ª

---

[46] Agenda 2030 para o Desenvolvimento Sustentável. Disponível em: https://nacoesunidas.org/wp-content/uploads/2015/10/agenda2030-pt-br.pdf

Assembleia Geral da ONU. Nessa oportunidade a Presidenta afirmou que "esta Agenda exige solidariedade global, determinação de cada um de nós e compromisso com o enfrentamento da mudança do clima, com a superação da pobreza e a construção de oportunidades". [47]

Posteriormente criou-se uma Comissão Nacional para os Objetivos de Desenvolvimento Sustentável, a partir do Decreto nº 8.892/16, promulgado pelo presidente Michel Temer. Nos termos do artigo 1º do Decreto, a Comissão foi criada com a "finalidade de internalizar, difundir e dar transparência ao processo de implementação da Agenda 2030 para o Desenvolvimento Sustentável da Organização das Nações Unidas." (BRASIL, 2016)

Desse modo, estabelecida a internalização da Agenda 2030 do nível global para o Brasil, deve-se compatibilizar os objetivos e metas até então selecionados para realidade do país. Contando do ano de publicação do Decreto que se deu em 2016, até 2030, prazo final da Agenda, observa-se um intervalo de 14 anos para a transformação de questões complexas e profundas em grande parte do território.

Especialmente nos centros urbanos de grande adensamento, no qual o espaço é escasso e envolvem conflitos sociais, tais metas apresentam-se como um grande desafio.

---

[47] Discurso da Dilma Roussef na ONU. Disponível https://www.ippri.unesp.br/Modulos/Noticias/389/discurso-dilma-roussef-na-onu---28092015.pdf

Adentrando aos objetivos da Agenda 2030, um dos destaques do presente trabalho é a promoção do bem-estar de todos presente no terceiro objetivo, de forma que sejam combatidas as doenças transmitidas pela água e as demais doenças transmissíveis; assim como o acesso a serviços essenciais de saúde. O que estão intimamente ligados também ao sexto objetivo que se refere à gestão da água e o saneamento para toda a população.

Ainda, o outro destaque dos objetivos da Agenda neste trabalho é o décimo primeiro que se refere à transformação das cidades e assentamentos humanos em lugares "inclusivos, seguros, resilientes e sustentáveis", tendo como uma das metas o melhoramento das favelas e o aumento da urbanização inclusiva. Observa-se, portanto, a preocupação mundial com o bem-estar e a presença de assentamentos humanos que atendam as demandas sociais.

Procura-se não mais tratar a cidade com viés puramente mercadológico, resumindo à alocação de espaço que há tempos é escasso. Agora o mundo se atenta a qualidade dos assentamentos, de forma que o bem-estar seja uma finalidade primordial de uma Política Urbana.

Juntamente com o destaque do bem-estar da população nas cidades na Agenda 2030 promovida pela ONU, o Observatório das Metrópoles que integra o Instituto Nacional de Ciência e Tecnologia (INCT) enfatizou o tema e criou o Índice de Bem-Estar Urbano (IBEU) dos municípios brasileiros. O índice agrega cinco dimensões, sendo elas: a Mobilidade Urbana, Condições Ambientais Urbanas, Condições Habitacionais Urbanas, Atendimento de Serviços Coletivos Urbanos e Infraestrutura Urbana. (IBEU, 2016, p.1). Tal índice criado permite que sejam analisadas as vertentes a serem focadas no caso concreto.

Diante dos objetivos específicos e metas que congregam o bem-estar e a promoção de cidades inclusivas na Agenda promovida por diversos países do mundo, bem como diante da criação de um Índice de bem-estar elaborado pelo Observatório das Metrópoles, pode-se somar forças para atacar os pontos mais deficientes de uma determinada localidade, por estarem presentes parâmetros e índices, respectivamente.

Os lugares de difícil acesso com baixa ou nenhuma infraestrutura, superpovoado e com carência de acesso a direitos sociais devem ser prioridades. O bem-estar urbano nesses lugares é imprescindível para a promoção do principio da dignidade da pessoa humana. Não é à toa que a meta 11.1 seja "até 2030, garantir o acesso de todos a habitação adequada, segura e a preço acessível, e aos serviços básicos, bem como assegurar o melhoramento das favelas."

Inicia-se então o problema chave do trabalho: Há como cumprir os objetivos e metas da Agenda 2030 nas favelas? Há como levar o bem-estar urbano e o melhoramento para as favelas do Rio de Janeiro? Ressalta-se que após a adoção da Agenda uma nova expectativa de avanço foi apresentada, colocando esses temas em evidência. Os objetivos e metas traçam um norte a serem seguidos mundialmente e, com a criação do IBEU nos municípios brasileiros, as Autoridades podem direcionar as suas atividades, elaborando a melhor estratégia em cada caso.

AGLOMERADOS SUBNORMAIS NO MUNICÍPIO DO RIO DE JANEIRO

O Instituto Brasileiro de Geografia e Estatística – IBGE adotou o conceito de aglomerado subnormal desde 2006 e obteve os primeiros resultados no censo de 2010. O conceito refere-se "ao conjunto constituído por 51 ou mais unidades habitacionais caracterizadas por ausência de título de propriedade e pelo menos uma das características: irregularidade das vias de circulação e do tamanho e forma dos lotes e/ou carência de serviços públicos essenciais (como coleta de lixo, rede de esgoto, rede de água, energia elétrica e iluminação pública)."[48]

Assim sendo, tal conceito incorporou a denominação de favela e comunidade e, por meio dessas características pré-estabelecidas, foram mapeados tais locais. Na região metropolitana do Rio de Janeiro, pelo censo de 2010, foram encontradas 1.702.073 pessoas residentes em aglomerados subnormais. E, apesar de ser considerado um número expressivo de pessoas vivendo em condições fora dos padrões mínimos de habitação, ao longo dos anos esses chamados aglomerados

---

[48] Censo 2010: Aglomerados subnormais – informações territoriais. Disponível em: ttps://ww2.ibge.gov.br/home/presidencia/noticias/imprensa/ppts/00000015164811202 013480105748802.pdf

subnormais continuaram a crescer, muito por conta da grave crise econômica que assolou principalmente o Rio de Janeiro.[49]

A comparação real de tais dados poderá ser realizada somente em 2020, data do próximo censo, quando será oportunizada a nova coleta de dados. No entanto, sabe-se que os três maiores aglomerados subnormais do município do Rio de Janeiro são: Rocinha, Complexo da Maré e o Complexo de Rio das Pedras. (Cavallieri, 2012, p.14). E, por meio desses enormes complexos, pode-se observar o quão desafiador será implementação das metas da Agenda 2030, por diversas razões.

DESAFIOS PARA A IMPLEMENTAÇÃO DAS METAS DA AGENDA 2030

Os principais desafios encontrados no presente trabalho para a implementação das metas da Agenda 2030 inerentes as favelas/aglomerados são: (a) domínio de grupos armados; (b) falta de integração para uma participação democrática comunitária; (c) precária infraestrutura e; (d) bem-estar urbano nos aglomerados subnormais fora da agenda pública dos gestores.

Sem dúvida o maior desafio atual para a implementação das metas no município do Rio de Janeiro é a violência presente nos aglomerados subnormais pela presença de grupos armados. A existência

---

[49] Disponível em: https://oglobo.globo.com/rio/apos-quatro-anos-de-queda-favelas-voltam-crescer-no-rio-de-janeiro-21596827

tanto de milícias quanto de facções de tráfico provoca um verdadeiro clima conflituoso, no qual exercem domínio de toda área. (Zaluar, 2013, p.13).

REFERÊNCIA BIBLIOGRÁFICA

Brasil. **Decreto nº 8.892/2016, de 27 de outubro de 2016.** Disponível em: <http://www.planalto.gov.br/ccivil_03/_ato2015-2018/2016/decreto/D8892.htm>.Acesso em: 6/10/2018.

CAVALLIERI Fernando, VIAL Adriana. **Favelas na cidade do Rio de Janeiro: o quadro populacional com base no Censo 2010.** IPP/Prefeitura da Cidade do Rio de Janeiro. Nº 20120501. Maio – 2012. Disponível em: <http://portalgeo.rio.rj.gov.br/estudoscariocas/download%5C3190_Favelasnacidadedo­RiodeJaneiro_Censo_2010.PDF>. Acesso em:14/10/2018.

HABERMAS, Jürgen. **Consciência moral e agir comunicativo.** Tradução de Guido A. de Almeida. Rio de Janeiro: Tempo Brasileiro, 1989.

IBEU Municipal - **Índice de Bem-Estar Urbano dos Municípios Brasileiros.** Disponível em: <http://observatoriodasmetropoles.net.br/download/ibeumunicipal_2016.pdf>.Acesso em: 30/09/2018.

IBGE. **Censo 2010: Aglomerados subnormais – informações territoriais.** Disponível em: <https://ww2.ibge.gov.br/home/presidencia/noticias/imprensa/ppts/000 00015164811202013480105748802.pdf>.Acesso em: 10/10/2018.

IPPRI. **Discurso da Dilma Roussef na ONU.** Disponível <https://www.ippri.unesp.br/Modulos/Noticias/389/discurso-dilma-roussef-na-onu---28092015.pdf>.Acesso em: 11/10/2018.

O GLOBO. **Após quatro anos de queda favelas voltam a crescer no Rio de Janeiro.** Disponível em: <https://oglobo.globo.com/rio/apos-quatro-anos-de-queda-favelas-voltam-crescer-no-rio-de-janeiro-21596827>.Acesso em 14/10/2018.

UNIC Rio. **Agenda 2030 para o Desenvolvimento Sustentável.** Disponível em: <https://nacoesunidas.org/wp-content/uploads/2015/10/agenda2030-pt-br.pdf>.Acesso em: 05/09/2018.

ZALUAR, Alba; BARCELLOS, Christovam. **Mortes prematuras e conflito armado pelo domínio das favelas no Rio de Janeiro.** Rev. bras. Ci. Soc., São Paulo, v. 28, n. 81, p. 17-31, Feb. 2013. Disponível em <http://www.scielo.br/scielo.php?script=sci_arttext&pid=S0102-69092013000100002&lng=en&nrm=iso>.Acesso em: 15/10/2018.

PESQUISAS

POR UMA RELEITURA DA EFETIVIDADE DO DIREITO URBANÍSTICO: O CASO DO IPTU PROGRESSIVONO TEMPO

FOR A NEW READINGOF THE EFFECTIVENESS OF URBAN LAW: THE IPTU CASE PROGRESSIVE IN TIME

Álvaro Carlos Ramos Barbosa[50]

RESUMO: Após 30 anos de vigência da assim chamada "Constituição Cidadã", o normativismo jurídico constitucional se mostrou incapaz de resolver a crise de efetividade que assola muitos de seus institutos, em especial o referente ao capítulo da Política Urbana. Nesse mister, o resultado é catastrófico ao perpetuar a desigualdade, carro-chefe que fomenta a questão urbana, inviabilizando assim a cidade como elemento que atua nas diferentes dimensões da realização humana. Isto reclama um melhor equacionamento da justa distribuição de ônus e benefícios decorrentes da urbanização e a efetividade do Imposto sobre a Propriedade Territorial Urbana Progressivo no Tempo (IPTU-Progressivo), como instrumento extrafiscal, trabalha nessa perspectiva, figurando como mandatório. Logo, servirá de recorte metodológico

---

[50] Doutorando, mestre e bacharel em Direito pela Universidade do Estado do Rio de Janeiro (UERJ). Membro da Associação Brasileira de Advogados do Mercado Imobiliário (ABAMI). E-mail:alvarogalaxys5@gmail.com.Telefone: 21 99887-4832. lattes: http://buscatextual.cnpq.br/buscatextual/visualizacv.do?id=K4320712H9

para apresente pesquisa. Ademais, sua legislação está em vias de implementação na cidade do Rio de Janeiro, o que igualmente torna-se um campo fértil para investigação. Assim, para efeito de recorte metodológico, o trabalho pautará uma releitura normativa do direito urbanístico e do aludido instrumento em especial, pautado na necessária aderência que o direito deve ter com a realidade. A cidade é por definição um espaço multidisciplinar, destarte a abordagem do presente trabalho terá tal viés, buscando guarida no renomado geógrafo David Harvey, que servirá como marco teórico.

PALAVRAS-CHAVES: Política Urbana; Efetividade dos Instrumentos de Direitos Urbanístico; IPTU Progressivo no Tempo; Hermenêutica; Função Social da Cidade e da Propriedade.

ABSTRACT: After 30 years of validity of the so-called "Citizen Constitution", the constitutional norm may be able to solve a crisis of effectiveness that afflicts lots of its institutes, especially the one referring to the Urban Policy Chapter. In this case, the result is catastrophic to perpetuate an inequality, flagship that fosters "Urban Question", thus making a city unfeasible as an element that occurs in the different dimensions of human achievement. This calls a better equation to local tax over urban propriety, called "Imposto Territorial sobre a PropriedadeUrbanaProgressivo noTempo"(IPTU-Progressive), as an extraphysical instrument, with an action in this perspective, appearing as mandatory. Therefore, it will serve as a methodological return for this research. In addition, its legislation is in the process of being implemented in the city of Rio de Janeiro, which also makes it a fertile field for research. Thus, for the methodological return effect, the work will lead to a normative re-reading of urban planning law and of the aforementioned instrument in particular, based on the necessary adherence that the law must be with a reality. The city is a multidisciplinary space, has an approach the present work has to do, in search of a revival of the geographer David Harvey, which serves as theoretical framework.

KEYWORDS: Urban Policy; Effectiveness of Urban Rights Instruments; Progressive IPTU in Time; Hermeneutics; Social Function of City and Property.

Seguindo uma tendência global, o Brasil se apresenta como um país essencialmente urbano: pesquisas oficiais estimam que cerca de 90% de sua população vive em cidades, o que ratifica a importância do ambiente urbano e das relações que lhe são pertinentes, alçando o direito urbanístico a um papel destacado diante da ordem jurídica nacional na atualidade[51].

---

[51] Corroborando tal afirmação, cumpre se valer da precisa doutrina argentina: *El derecho como regulador de la vida en sociedad, debe crear normas que contribuyan a la disminución o superación de esos problemas. En ese sentido, más concretamente el derecho urbano, que contiene normas que actúan sobre el desarrollo de la ciudad, debe perseguir objetivos de reconstrucción y rehabilitación urbana, revalorizándolas como medio físico, ambiental y arquitectónico, en miras a reequilibrar el territorio y lograr así una planificación general efectiva y un uso más racional del escaso suelo disponible.*(TALLER, Adriana; ANTIK, Anália. **El Derecho Urbanístico como instrumento de inclusión social**. Anais do "El Ordenamiento Urbano: Factor de crecimiento o instrumento de intervención administrativa em la sociedade?", 2009, p.

Com efeito, hoje, mais do que antes, reclama-se a efetividade das normas de direito urbanístico, máxime se se considerar que o fetiche da urbanização, historicamente, não se deu sem grandes percalços no Brasil. Seu processo de urbanização foi, basicamente, conduzido por uma burocracia tecnocrata centralizadora, na esteira de um processo de industrialização igualmente centralizado evocacionado a um capitalismo voraz, descompromissado, dentre outros aspectos, com o desenvolvimento sustentado das cidades. Destarte, tais mudanças de paradigmas geraram externalidades negativas, que ainda hoje são difíceis de equacionar ao reproduzirem nas cidades brasileiras, em especial nas metrópoles, mazelas semelhantes às vivenciadas pelas cidades inglesas por ocasião da Revolução Industrial. Ademais, sob o influxo da pressão do mercado financeiro imobiliário, agravou-se, sobremaneira, a já demenciada questão urbana[52] brasileira.

Com efeito, por inspiração da mobilização conhecida como "Movimento Nacional pela Reforma Urbana[53]" surgido na década de 1960, o tema alçou foros de grande legitimidade institucional no país ao

---

1-19).

[52] O livro desvenda a ideologia produzida pela classe dominante, que procura ocultar a dominação e a exploração, a distribuição desigual dos serviços públicos e os equipamentos de consumo coletivo. Distancia-se do empirismo com que normalmente são tratadas as lutas sociais em torno das cidades e abre a possibilidade de análises sociológicas concretas das políticas públicas e do planejamento urbano. São tratados com profundidade -e abordagem histórica -temas como a construção de cidades determinadas pela lógica inflexível da acumulação de capital, as políticas urbanas e as formas de lutas encontradas pelos trabalhadores para enfrentarem o poder do Estado.(CASTELLS, Manuel. **A questão urbana**. 6ª ed. São Paulo. Paz & Terra. 2007).

[53] PRESTES, Vanêsca B. **Corrupção Urbanística. Da ausência de Diferenciação entre Direito e Política no Brasil**. Belo Horizonte: Fórum. 2018.

fomentar o diálogo entre a miríade de reclamos que perpassam a agenda urbanística, social, econômica e política das cidades e repercutir na seara jurídica, que pautou uma série de institutos sobreo tema, até desaguar no capítulo da Política Urbana por força de emenda popular durante a Constituinte de 1988 e repercutir na legislação infraconstitucional, em especial o Estatuto da Cidade. Este processo histórico realça o direito e sua aderência social. Tal argumento se acentua ao considerar que foi contextualizado em um estado democrático de direito, livre das amarras do totalitarismo reducionista, onde a pluralidade inerente às cidades alcança especial relevância nesse desiderato, dado que se conjugou à participação popular.

Entretanto, a falta de efetividade de muitos desses instrumentos, mesmo após décadas de sua positivação em sede constitucional e infraconstitucional, impõe uma pesquisa acadêmica no nível de uma tese de doutorado com vistas não só à melhor compreensão do fenômeno em si, como também a supera-lo, requerendo soluções para o impasse da política urbana adrede listada. Outrossim, a inefetividade aponta para um descompasso em sua capacidade de promover uma agenda inclusiva, capaz de contribuir para o desenvolvimento das cidades, bem como para a realização das potencialidades humanas no ambiente urbano.

Assim, questiona-se se tais balizas orientadoras de um direito urbanístico inclusivo foram capituladas por um viés mercadológico, dissociado da função social do direito como promotor de melhores condições da existência humana ou representariam mero artifício, ressignificado, com vistas ao controle social, ou seja, um engodo ideológico, apartado dos nobres objetivos fundamentais listados no art. 3º da Carta Magna[54]. Ademais, não se pode olvidar que o perfil do Estado brasileiro está associado a uma matriz de promoção de direitos, o que não se coaduna com a letargia institucional na agenda urbana. A eficácia da norma urbanística é mandatória, pois, havendo que se buscar a finalidade maior de seu escopo, qual seja o alcance das funções sociais da cidade e da propriedade urbana, pautado tanto no desenvolvimento econômico, quanto na dignidade humana. Portanto, há que se pesquisar novas fronteiras interpretativas para a norma urbanística, de modo a lhe dar efetividade e não se quedar inerte sob argumentos formalistas de cunho estritamente dogmáticos, muitas vezes vinculadas a escolhas ideológicas e/ou a uma visão estreita do fenômeno socio-jurídico. Isso implica uma investigação multidisciplinar do fenômeno jurídico urbanístico, valendo-se do renomado geógrafo britânico David Harvey como marco teórico.

Em termos de roteiro, o trabalho partirá do geral para o particular, iniciando a primeira parte do estudo pelo elemento urbano, donde emergirá a importância do magistério de David Harvey numa releitura

---

[54] A não superação enfraqueceria o discurso da eficácia constitucionalassim descrito porCelsoA.Bandeira de Mello: "A Constituição não é um simples ideário. Não é apenas uma expressão de anseios, de aspirações, de propósitos. É a transformação de um ideário, é a conversão de anseios e aspirações em regras impositivas. Em comandos. Em preceitos obrigatórios para todos: órgãos do Poder ecidadãos".(BANDEIRA DE MELLO, Celso Antônio. **Eficácia das normas constitucionais e direitos sociais**. São Paulo. Malheiros. 2015.

marxista da cidade[55], correlacionando-a com aspectos vinculados ao direito à cidade, economia e urbanismo. Posteriormente, adentrar-se-ão questões vinculadas à filosofia jurídica, buscando apontar uma base hermenêutica que se adeque a uma releitura dos institutos de direito urbanístico com vistas a alcançar a efetividade preconizada pelo presente trabalho, entendendo que o escopo do direito dialoga com a cidade para a realização do potencial humano. Isso perpassa o papel do Estado, como fiador do Direito Urbanístico.

Na sequência, efetuar-se-á um recorte metodológico, abordando especificamente o Imposto sobre a Propriedade Territorial Urbano Progressivo no Tempo, doravante denominado "IPTU Progressivo", abordando questões relacionadas à sua falta de efetividade[56] e correlacionando com a promoção da ordem econômica, na busca de lhe dar efetividade. A legitimidade dessa escolha, dentre outros aspectos, prende-se ao fato de seu caráter de extrafiscal fomentar o ordenamento urbano, evitar a especulação imobiliária e facilitar a justa distribuição de benefícios e ônus decorrentes do processo de urbanização, o que teoricamente o credencia para mitigar a desigualdade urbana ao atuar em conformidade com as diretrizes gerais de política urbana do Estatuto da Cidade.

Analisar-se-á a possibilidade de sua efetividade, baseado numa releitura do instituto, orientado pelas premissas anteriormente

---

[55] HARVEY, David. **Cidades Rebeldes**. São Paulo. Boitempo. 2015.
[56] VIEIRA, Bruno S. (Coord.). **Instrumentos Urbanísticos e sua (in)efetividade**. Rio de Janeiro. Lumen Juris, 2018.

estudadas, apontando o caráter cogente de sua implementação dado os fins colimados pelo Direito Urbanístico. Conforme exposto, a estatura que figura o ambiente urbano e sua capacidade de impactar tanto o indivíduo, quanto a sociedade como um todo, requer entender a cidade como uma dimensão *sui generis*do direito, tal qual o exemplo do direito de família, que em tempos mais remotos e mesmo *contra legem*, emprestou eficácia a institutos jurídicos que não tinham o respaldo legal, mas decorriam de uma visão mais conforme a realidade que o direito deve perseguir, a exemplo do reconhecimento de filhos adulterinos, dos efeitos patrimoniais da União Estável dentre outros.

Postula-se, pois, por uma nova hermenêutica, conciliatória com os princípios estatuídos pelo constituinte originário no que tange à função social da propriedade e da cidade e os princípios gerais da atividade econômica positivados no texto constitucional. Tal raciocínio, *mutatis mutandis*, é pertinente com as demandas criadas pela cidade informal, que a despeito de estarem em colisão com o aparato jurídico que lhes é subjacente, "arromba a porta do sistema legal, exigindo seu reconhecimento em nome da realidade social que lhe é imanente" a que o direito não pode se furtar, sob pena de perder sua identidade como direito.

Para tanto utilizar-se-á o método dedutivo com pesquisa bibliográfica e de campo, em especial, da doutrina nacional e análise do direito comparado, sobretudo no sistema espanhol, cujo ordenamento contém experiência bastante esclarecedora acercado tratamento dado a dificuldades vivenciadas naquele país com o advento da *Ley de 12 de maio de 1956 sobre régimen del suelo u ordenación urbana*[57].

REFERÊNCIA BIBLIOGRÁFICA

BOTELHO, Adriano. *O urbano em fragmentos. A produção do espaço e da moradia pelas práticas do setor imobiliário.*1ª edição. São Paulo. SP. Ed. Annablume; FAPESP. 2007.

DALLARI, Bruno de Abreu (Org.). *Estatuto da Cidade (Comentários à Lei Federal 10.257/2001).* 1 ª ed. São Paulo. Ed. Malheiros. 2001.

SARLET, Ingo Wolfgang. *A eficácia dos direitos fundamentais. Uma teoria geral dos direitos fundamentais na perspectiva constitucional.*11ª ed. Livraria do Advogado. Porto Alegre. 2015.

---

[57] BRASIL. DENALDI, ROSANA et al**Coleção CadernosTécnicos de Regulamentação e Implementação de Instrumentos da Cidade**.Vol. 2.Brasília. Ministério da Cidade.2015. p. 12.

ÁREAS NÃO EDIFICANTES: DIREITOS SOBRE A COISA EM OCUPAÇÕES IRREGULARES

NON-BUILDING AREAS: RIGHTS ABOUT THE THING IN IRREGULAR OCCUPATIONS

Carolyne Ribeiro[58]

PALAVRAS-CHAVE: Áreas *non aedificandis*; Ocupação irregular; Direito sobre bem imóvel.

KEYWORDS: Areas *non aedificandis*; Irregular occupation; Right over immovable property.

RESUMO: A análise da regulamentação das áreas não edificantes ante a presença de ocupações irregulares nesses locais é o tema proposto para debate. Adota-se como hipótese que a ocupação irregular dessas áreas permite ao indivíduo exercer direitos possessórios e reais sobre o bem imóvel, conferindo a seu titular direito indenizatório em caso de remoção pelo poder público. Para tanto parte-se da análise da constituição do domínio público de forma a delimitar os critérios de constituição da titularidade pública sobre bens privados, através de um

---

[58] Mestranda na linha de Direito da Cidade na Universidade do Estado do Rio de Janeiro (UERJ). Bolsista CAPES. Pós-graduada em Direito do Estado pelo CEPED/UERJ. Advogada.

novo olhar sobre o que constitui propriedade atualmente. Após, correlaciona-se a constituição de áreas não edificantes com o plano diretor, de forma a analisar o conflito entre o interesse público de implementação de infraestrutura com o interesse privado de propriedade e moradia. Por fim, pondera-se se o mero esvaziamento do valor econômico do bem caracterizaria uma desapropriação imprópria ou se a titularidade do bem permanece privada através de uma nova perspectiva do direito de propriedade e se a existência de ocupações irregulares poderia ser considerada para conferir a seus titulares direitos sobre a coisa imóvel. Para tanto utiliza-se o método dedutivo com pesquisa bibliográfica, em especial, da doutrina nacional e análise jurisprudencial.

ABSTRACT: The analysis of the regulation of non-edificant areas before the presence of irregular occupations in these places is the proposed topic for debate. It is hypothesized that the irregular occupation of these areas allows the individual to exercise possessory and real rights over the immovable property, granting the holder the right to compensation in case of removal by the public authority. To do so, we start with the analysis of the constitution of the public domain in order to delimit the criteria of constitution of public ownership over private assets, through a new look at what constitutes property today. Afterwards, it is correlated the constitution of non-edificant areas with the master plan, in order to analyze the conflict between the public interest of infrastructure implementation and the private interest of property and housing. Finally, it is considered whether the mere emptying of the economic value of the good would characterize an improper disposition or whether the ownership of the good remains private through a new perspective of the property right and if the existence of irregular occupations could be considered to confer on its right holders on the immovable thing. For this, the deductive method is used with bibliographical research, in particular, the national doctrine and jurisprudential analysis.

As áreas não edificantes são importantes instrumentos de delimitação e configuração da cidade pelo poder público. Seu campo de incidência é bastante amplo, abarcando desde áreas de proteção ambiental como topos de morro e margens de rios e lagos, áreas de segurança como margens de rodovias e aeroportos até áreas reservadas para posterior ampliação da infraestrutura urbana como ruas e avenidas. Sua característica de grande limitação ao direito de propriedade causa grande divergência doutrinária sobre ser ou não uma forma de expropriação e a necessidade de conformar essa característica com direitos individuais assegurados na Constituição.

Muito se tem evoluído em matéria de direitos sobre bens imóveis como na constituição de direitos reais sobre bens públicos por particulares e na facilitação da regularização de bens imóveis, tudo isso fruto de novas configurações sobre o conteúdo do direito sobre bens imóveis. Como fica, então, o instituto das áreas não edificantes nessa nova quadra que se apoderou do direito? Seria possível pensá-la de outra forma?

De outro lado, a questão fundiária no Brasil é um dos problemas mais cadentes e insolúveis, fruto da histórica inércia do poder público cumulada com a necessidade dos citadinos de obter condições mínimas de sobrevivência. Geralmente, as áreas onde estão localizadas as ocupações irregulares são aquelas que possuem algum tipo de empecilho legal ou natural e, portanto, não são interessantes para o mercado imobiliário legal, aqui incluídas as áreas não edificantes. Embora tenha havido um certo avanço em relação ao reconhecimento de direitos nesses casos de ocupações irregulares e autoconstrução, esses são limitados por condicionantes como o uso do bem para moradia, a metragem do imóvel e a ausência de titularidade sobre outros imóveis o que acaba por restringir as situações fáticas que recebem tutela legal. E mesmo assim, se percebe uma hierarquização inferior em relação a outros direitos como a propriedade plena.

A tutela coletiva dessa questão, por outro lado, através da regularização fundiária também tem se mostrado ineficiente. Na cidade do Rio de Janeiro, por exemplo, cuja iniciativa remonta a década de 1990, a maioria dos casos não conseguiu ser ultimado (CORREIA, 2017) com a entrega dos títulos. Sendo oportuno lembrar que a legitimação de posse na sistemática da antiga regulação da lei n° 11.977/09, impedia seu reconhecimento para aqueles que fossem realocados em razão da implementação do projeto (artigo 58, §3°)[59].

---

[59] A redação desse artigo não foi repetida na lei n° 13.465/17, o que não quer dizer que

136

A ausência de reconhecimento jurídico gera consequências negativas para a cidade promovendo o deslocamento de comunidades e gerando a demanda por mais infraestrutura de um orçamento já comprometido. Um exemplo disso é o caso do Rio de Janeiro que historicamente sofre com ações cíclicas de remoção nessas localidades, para as quais as inovações legais surgidas nos últimos anos não foram capazes de apresentar soluções adequadas como se pode observar no ciclo mais recente dos jogos olímpicos.

Percebe-se assim, que existe em questão um conflito de direito ainda não resolvido, de um lado a necessidade de ordenar o pleno desenvolvimento das funções sociais da cidade através da implementação de políticas urbanas e de outro a necessidade de observar direitos e princípios fundamentais como a função social da propriedade e a dignidade da pessoa humana. Seria, então, possível pensar uma nova forma de se considerar a questão das ocupações irregulares em áreas não edificantes (especificamente aquelas reservadas para implementação de infraestrutura)? Para isso se problematiza a titularidade desses locais, a práticas de atos possessórios pela ocupação e a fiscalização do poder público.

O presente estudo se utiliza de pesquisa bibliográfica e jurisprudencial em que se optou pelo exame em caráter qualitativo, com o intuito de verificar os pontos abordados em razão da atualidade do

sua lógica não possa vir a ser aplicada nessa nova regulação a depender das considerações doutrinárias e administrativas a serem produzidas sobre o assunto.

tema de remoção em comunidades sem o reconhecimento de direitos adequados das pessoas que ali estão. Essa análise considerará as abordagens já existentes sobre os institutos e procedimentos aqui implicados, bem como novos estudos que estejam sejam produzidos em busca de novas possibilidades para o problema apresentado.

REFERÊNCIA BIBLIOGRÁFICA

BRASIL. Câmara dos deputados. Projeto de Lei nº 5851 de 2013. Dispõe sobre edificações nas margens das faixas de domínio das rodovias federais. Disponível em: http://www.camara.gov.br/proposicoesWeb/fichadetramitacao?idPropos icao=582428. Acesso em: 14 out. 2018.

_____. Câmara dos deputados. Projeto de Lei nº 3085 de 2015. Altera o art. 4º da Lei nº 6.766, de 19 de dezembro de 1979, que dispõe sobre o Parcelamento do Solo Urbano e dá outras providências. Disponível em: http://www.camara.gov.br/proposicoesWeb/fichadetramitacao?idPropos icao=1738804. Acesso em: 14 out. 2018.

_____. Lei nº 11.977 de 2009. Dispõe sobre o Programa Minha Casa, Minha Vida – PMCMV e a regularização fundiária de assentamentos localizados em áreas urbanas. Brasília. Disponível em: http://www.planalto.gov.br/ccivil_03/_Ato2007-2010/2009/Lei/L11977.htm. Acesso em: 14 out. 2018.

_____. Lei nº 13.465 de 2017. Dispõe sobre a regularização fundiária rural e urbana, sobre a liquidação de créditos concedidos aos assentados da reforma agrária e sobre a regularização fundiária no âmbito da Amazônia Legal; institui mecanismos para aprimorar a eficiência dos procedimentos de alienação de imóveis da União. Brasília. Disponível em: http://www.planalto.gov.br/ccivil_03/_Ato2015-2018/2017/Lei/L13465.htm. Acesso em: 14 out. 2018.

_____. Senado Federal. Projeto de Lei n° 66 de 2014. Altera a Lei n° 6.766, de 19 de dezembro de 1979, que dispõe sobre o parcelamento do solo urbano e dá outras providências, para dispor sobre o estabelecimento de faixas não-edificáveis e limitações à edificabilidade em loteamentos urbanos. Disponível em: https://www25.senado.leg.br/web/atividade/materias/-/materia/116330. Acesso em: 14 out. 2018.

CORREIA, Arícia Fernandes. Direito da regularização fundiária urbana e autonomia municipal: a conversão da medida provisória n. 759/2016 na lei federal n. 13.465/2017 e as titulações da prefeitura da cidade do Rio de Janeiro no primeiro quadrimestre de 2017. **Geo UERJ**, Rio de Janeiro, n.31, p.177-218, 2017, DOI: 10.12957/geouerj.2017.32061. Disponível em: http://www.e-publicacoes.uerj.br/index.php/geouerj/article/view/32061. Acesso em: 14 out. 2018.

DI PIETRO, Maria Sylvia Zanella. **Direito Administrativo**. 29ª edição. Rio de Janeiro: Forense, 2016.

LOURENÇO, Carlos Henrique. IPTU: incidência sobre áreas "non aedificandi". **Revista Jus Navigandi**, ISSN 1518-4862, Teresina, ano 13, n. 1933, 16 out. 2008. Disponível em: <https://jus.com.br/artigos/11855>. Acesso em: 14 out. 2018.

MEIRELLES, Hely Lopes. **Direito de Construir.** 11ª edição. São Paulo: Malheiros, 2013.

RICO, Juan José Guimerá. El complejo inmobiliario urbanístico: dominio público, ¿Subsuelo privado? **Analises de la Facultad de Derecho**, 32, diciembre 2015, pp. 85-105, ISSN: 0075-773X.

DEMOCRACIA E DELIBERAÇÃO: A ESCOLHA POPULAR DAS POLÍTICAS PÚBLICAS LOCAIS - O CASO DO ORÇAMENTO PARTICIPATIVO DE PORTO ALEGRE (OPPOA).

DEMOCRACY AND DELIBERATION: THE POPULAR CHOICE OF LOCAL PUBLIC POLICIES - THE CASE OF THE PARTICIPATIVE BUDGET OF PORTO ALEGRE (OPPOA).

Claudia Tannus Gurgel do Amaral[60]

Francisco Toniolo de Carvalho[61]

RESUMO: O presente artigo visa analisar o Orçamento Participativo de Porto Alegre (OPPOA) como política orçamentária de auxílio na tomada de decisão dos gastos públicos através da participação popular.

---

[60] Pós-Doutoranda em Direito na Universidade do Estado do Rio de Janeiro (UERJ) – linha de pesquisa: Direito da Cidade; Doutora em Direito pela Universidade do Estado do Rio de Janeiro (UERJ) – linha de pesquisa: Direito da Cidade; Professora Adjunta da Escola de Ciências jurídicas (ECJ) – Centro de Ciências Jurídicas e Políticas (CCJP) da Universidade Federal do Estado do Rio de Janeiro (UNIRIO).
[61] Mestrando em Direito na Universidade Federal do Estado do Rio de Janeiro (UNIRIO), área de concentração: Sociedade, Estado e Políticas Públicas; Pós-Graduado em Direito Ambiental pela Universidade Federal do Rio Grande do Sul (UFRGS) e em Direito Tributário pelo Instituto Brasileiro de Estudos Tributários (IBET); Bacharel em Direito pela Pontifícia Universidade Católica do Rio Grande do Sul (PUCRS); Este trabalho foi realizado com apoio da Coordenação de Aperfeiçoamento de Pessoal de Nível Superior – Brasil (CAPES) – Código de Financiamento 001.

Embasa-se no marco teórico de promoção desta participação nas democracias ao longo dos anos e na formação do conceito de "democracia participativa", onde a sociedade civil assume maior relevância no momento de tomada de decisões. Apresenta a formação histórica do OPPOA e a evolução das instâncias participativas em Porto Alegre. Revisa sua estrutura jurídica-legal e seu processo de tomada de decisão, considerando o envolvimento da sociedade civil. Analisa-o como instrumento de incentivo à atuação dos cidadãos na administração conjunta da cidade, através da elaboração do orçamento municipal e da escolha, em assembleias populares, das obras públicas prioritárias para sua região e para o município. Ao fim, analisa a participação popular nas suas instâncias nos anos de 2011 a 2015, comparando dados fornecidos pela prefeitura de Porto Alegre, o volume da participação popular e os valores dispendidos pelo programa. Por se tratar de pesquisa descritiva e quantitativa, a metodologia utilizada enfatizou a coleta de dados, a revisão bibliográfica e a análise documental, em especial leis municipais e normas relacionadas com o OPPOA.

PALAVRAS-CHAVE: Orçamento Público; Orçamento Participativo; Participação Popular; Políticas Públicas; Porto Alegre.

ABSTRACT: This article aims at analyzing Porto Alegre's participatory budget (OPPOA) as a budget policy that helps the decision-making process of the public expenditure through popular participation. It's based in the theoretical framework of promoting participation in democracies over the years and creating a "participatory democracy" concept, in which the civil society takes on a greater relevance in the decision-making moments. It presents the historical formation of the OPPOA and the evolution of participative instances in Porto Alegre. It reviews its legal structure and its decision-making process, considering the value of civil society participation. It analyzes the OPPOA as a tool for encouraging popular participation in the joint administration of the city, through the elaboration of the municipal budget and the choice, in popular meetings, of the priority public constructions for their region and their municipality. Finally, analyze the popular participation in the OPPOA's instances between the years of 2011 until 2015, comparing data supplied by Porto Alegre's administration, the volume of popular participation in the program and the values spent. Since this research is descriptive and quantitative, the methodology emphasized data collection, literature review and document analysis, in particular Porto Alegre's municipality laws and standards regarding the OPPOA.

KEYWORDS: Public Budget; Participatory Budgeting; Popular Participation. Public Policy; Porto Alegre.

A presente pesquisa analisou o Orçamento Participativo de Porto Alegre (OPPOA), sendo o seu objeto de estudo. Trata-se de uma política pública de fundamental importância para a tomada de decisão municipal. Nele, cidadãos e administração pública escolhem quais políticas públicas serão adotadas pelo município e onde serão aplicadas suas receitas anuais em obras e serviços. Trata-se de instrumento com mais de 28 anos de atividade.

Hodiernamente, um olhar mais atento na relação entre democracia participativa e eficiência da administração pública vem sendo objeto da doutrina especializada, destacando a elaboração das políticas públicas e a racionalização da administração local no ideário de uma justiça distributiva dos recursos públicos.

De tantas inovações trazidas pelo OPPOA pode-se dizer que ele representa um processo de construção de uma nova política orçamentária que modifica as práticas anteriores de planejamento e de elaboração dos orçamentos no Brasil. Não se olvida que por seu intermédio possibilita-se a elaboração de políticas públicas objetivando tornar a "máquina pública" mais eficiente no uso dos recursos devido ao caráter de controle dos gastos pelos cidadãos, na concepção mais estreita de uma *social accountability.*

A presente pesquisa analisou o grau da participação popular nas deliberações no âmbito do OPPOA. Para isso, estruturou-se da seguinte forma: primeiramente analisou e estabeleceu os conceitos e marcos teóricos que se basearia; após, analisou a formação e origem histórica do OPPOA; em um terceiro momento, examinou a estrutura e o funcionamento OPPOA na dimensão normativa (jurídico-legal); em outra análise, focou na dimensão da participação popular no município, esmiuçando o papel dos cidadãos na democracia participativa de Porto Alegre; por fim, revisou a evolução da participação social no OPPOA entre os anos de 2011 a 2015. É desta forma que o artigo resultante desta pesquisa também foi estruturado.

A metodologia empregada na pesquisa foi a descritivas, pois se propõe a descrever as características de um determinado fenômeno e seus efeitos mediante coleta de dados. No que se refere à abordagem, a pesquisa se caracteriza como quantitativa, por utilizar instrumentos formais e estruturados para a coleta de dados. Neste sentido, os dados aplicados foram obtidos principalmente da análise das leis e demais normas sobre o orçamento público da cidade de Porto Alegre, e em especial sobre o orçamento participativo praticado. Todos os dados foram coletados via internet principalmente nos sites oficias da prefeitura porto-alegrense. Os dados extraídos após depuração permitiram um melhor entendimento acerca das principais questões em torno da dinâmica e eficácia do OPPOA. A coleta de dados foi realizada, também, por meio de fontes secundárias, a saber: livros, trabalhos acadêmicos, documentos de órgãos oficiais, publicações, sites oficiais, a fim de respaldar a argumentação teórica e validar os resultados obtidos no estudo.

O principal objetivo da pesquisa foi o de analisar a política pública do OPPOA e o grau da participação popular nas deliberações. Uma análise mais atenta da estrutura e da formação história foi necessária. O período de análise eleito foram os anos de 2011 a 2015. Neste marco, o trabalho procurou contextualizar o experimento do OPPA nas vertentes da teoria democrática participativa. O OPPOA surgiu no cenário político brasileiro nos anos oitenta do século passado como nova forma de vitalização da cidadania, no âmbito da municipalidade, em tempos pós-regime ditatorial. Nesta perspectiva, nos anos seguintes, essa experiência participativa pioneira foi internacionalizada, seguindo uma trajetória virtuosa até os dias atuais na Américas Latina, Europa, África e Ásia.

Da análise do arranjo institucional do OPPOA verificou-se como este instrumento de debates públicos fortalece a participação popular. Mesmo que os participantes das reuniões elejam Conselheiros e Delegados que os representem em algumas das instâncias deliberativas, eles ainda mantêm o direito tanto de escolha das prioridades como da apresentação das propostas e demandas. Logo, esse arranjo concede à sociedade civil um papel relevante e decisivo nos rumos da cidade, com direito à voz ao longo do ciclo operacional.

A cooperação junto à Administração Pública nos temas mais voltados aos direitos sociais ainda é um ponto de destaque nas votações para eleição das demandas.

Ao se compreender políticas públicas como o conjunto de atividades desenvolvidas pelo Estado voltadas ao interesse público e vinculadas a efetivação de direitos básicos da sociedade, faz com que o Orçamento Participativo, em especial o de Porto Alegre, venha ser há mais de 28 anos um exemplo de política pública orçamentária participativa.

Neste sentido, como resultado a pesquisa evidenciou que o OPPOA possui como foco a corresponsabilidade institucional na tomada consciente das decisões orçamentárias pelos rumos da cidade. Todavia, apesar dos números relativos aos anos de 2011 a 2015 apresentarem uma crescente participação social, em mais de 28 anos de vida útil, a pesquisa também demonstrou, pelos números coletados, a pouca participação dos cidadãos, em comparação com o número de habitantes, o que pode apontar para um desgaste na estrutura representativa do OPPA.

REFERÊNCIA BIBLIOGRÁFICA

AVRITZER, Leonardo. O orçamento participativo e a teoria democrática: um balanço crítico. In: AVRITZER, Leonardo; NAVARRO, Zander (Orgs.). **A inovação democrática no Brasil: o orçamento participativo**. São Paulo: Cortez, 2003.

_____. Instituições participativas e desenho institucional: algumas considerações sobre a variação da participação no Brasil democrático. In: **Opinião Pública** [online], 2008, vol. 14, nº 1, p.43-64. ISSN 0104-6276. Disponível em: <http://dx.doi.org/10.1590/S0104-62762008000100002>. Acesso em: 10/07/2017.

BOBBIO, Norberto. **Liberalismo e Democracia**, São Paulo: Brasiliense, 1990.

BONAVIDES, Paulo. **Teoria constitucional da democracia participativa**. São Paulo: Malheiros, 2001.

BRESSER-PEREIRA, Luiz Carlos. Democracia republicana e participativa. In: **Novos Estudos Cebrap**, março/2005, nº 71, p. 77-91. Disponível em:

<http://www.bresserpereira.org.br/view.asp?cod=1533>. Acesso em: 10/07/2017.

CAMPOS, Poti Silveira; SILVEIRA, Nubia. **Orçamento Participativo de Porto Alegre: 25 anos**. Porto Alegre: Editora da Cidade, 2015.

FEDOZZI, Luciano; FURTADO, Adriana; BASSANI, Valéria Dozolina Sartori; MACEDO, Carlos Eduardo Gomes; PARENZA, Cidriana Teresa; CRUZ, Milton. **Orçamento participativo de Porto Alegre. Perfil, avaliação e percepção do público participante**. Porto Alegre: Gráfica e Editora Hartmann, 2013.

GONÇALVES, Rubén Miranda. "La iniciativa legislativa popular como mecanismo de democracia participativa: especial referencia a la Comunidad Autónoma de Galicia". In: _____(coord.). **Administración Pública, Juventud Y Democracia Participativa. Junta de Galicia – Dirección Geral de Juventude e Voluntariado Consellería de Política Social**. Junta de Galicia. Instituto Politécnico do Cávado e do Ave, 2016.

HABERMAS, Jürgen. O Estado Nação Europeu frente aos Desafios da Globalização: o passado e o futuro da soberania e da cidadania. In: **Revista Novos Estudos.** Tradução de Antonio Sérgio Rocha, São Paulo, CEBRAP, n° 43, pp. 87-101, nov.1995. Disponível em: <http://novosestudos.uol.com.br>. Acesso em: 21/03/2013.

HOROCHOVSKI, Rodrigo Rossi; CLEMENTE, Augusto Junior. Democracia deliberativa e orçamento público: experiências de participação em Porto Alegre, Belo Horizonte, Recife e Curitiba. In: **Revista de Sociologia e Política**, outubro/2012, v. 20, n° 43, p. 127-157. Disponível em:<http://www.scielo.br/pdf/rsocp/v20n43/a07v20 n43.pdf>. Acesso em 03/05/2017.

MENEGAT, Rualdo; ALMEIDA, Gerson. Desenvolvimento sustentável, participação popular e conhecimento: a gestão ambiental urbana em Porto Alegre. In: MENEGAT, Rualdo; ALMEIDA, Gerson (orgs.). **Desenvolvimento sustentável e gestão ambiental nas cidades: estratégias a partir de Porto Alegre.** Porto Alegre: Editora UFRGS, 2004.

PIRES, Aldemir. **Orçamento Participativo: o que é, para que serve, como se faz.** Barueri: Manole, 2001.

PORTO ALEGRE. **Lei Orgânica do Município de Porto Alegre** (Atualizada até a Emenda nº 35, de 2012). Disponível:<http://www.camarapoa.rs.gov.br/>. Acesso: 30/09/2017.

_____. **Regimento Interno do Orçamento Participativo 2015/2016. Critérios Gerais, Técnicos e Regionais.** Disponível em: <http://lproweb.procempa.com.br/pmpa/prefpoa/observatorio/usu_doc/2015-rp-0020-15i_folder_regimento_interno_op_201516_15x21cm.pdf>. Acesso em 31/08/2017.

_____. **Regimento Interno do Orçamento Participativo 2014/2015. Critérios Gerais, Técnicos e Regionais.** Disponível em: <http://lproweb.procempa.com.br/pmpa/prefpoa/observatorio/usu_doc/2014-rp-0025-14a_orcamento_participativo_2014_regimento_interno_15x21cm.pdf>. Acesso em 31/08/2017.

SANTOS, Boaventura de Souza, AVRITZER, Leonardo. Introdução: para ampliar o cânone democrático. In: SANTOS, Boaventura de Souza (Org.). **Democratizar a democracia: os caminhos da democracia participativa.** Rio de Janeiro: Civilização Brasileira, 2009.

_____. Modelos de deliberação democrática: uma análise do orçamento participativo no Brasil. In: SANTOS, Boaventura de Souza (Org.). **Democratizar a democracia: os caminhos da democracia participativa.** Rio de Janeiro: Civilização Brasileira, 2009.

SINTOMER, Yves; HERZBERG, C.; RÖCKE, A. Modelos Transnacionais de Participação Cidadã: O Caso do Orçamento Participativo. In: **Revista Sociologias**, 2012, nº 30, PPGS/UFRGS.

ÁREAS DE ESPECIAL INTERESSE SOCIAL REFLEXÕES A PARTIR DA EXPERIÊNCIA CARIOCA.

Eduardo Alberto Manjarrés Trelles[62]

RESUMO: Este trabalho pretende problematizar a eficiência, teórica e prática, do instrumento urbanístico AEIS-Área de Especial Interesse Social- e sua conexão com a habitação e o planejamento da cidade além das consequências derivadas de sua implantação.

A pesquisa parte da hipótese da existência de um desalinhamento da AEIS frente ao Plano Diretor da Cidade do Rio de Janeiro e busca compreender os motivos, capacidades e limitações além do potencial desvirtuamento das ações regulatórias do território urbano derivadas do novo instrumento urbanístico, a REURB, criada com a promulgação da Lei Federal n° 13.465/2017 sob o ponto de vista da regularização fundiária plena e da inclusão social.

Realizou-se uma análise acerca da forma de inserção da AEIS dentro dos Planos Diretores de diferentes capitais brasileiras, possibilitando aprofundar a reflexão dos parâmetros comumente aplicados e

---

[62] Arquiteto e Urbanista com especialização em arquitetura ambiental e gestão de projetos. Mestrando em Direito da Cidade e membro do Grupo de pesquisa Políticas Públicas Urbanas da UERJ e do Núcleo de Estudos, Pesquisas e Extensão em Direito da Cidade - NEPEC. Especialista em urbanização de favelas na cidade do Rio de Janeiro. Consultor Legislativo em Obras Infraestrutura e Urbanismo da CMRJ desde 2015. e-mail: eduardo.arquiteto@gmail.com

permitindo uma avaliação comparativa. Ênfase especial foi dada aos aspectos de iniciativas, critérios e formas de instalação de AEIS.

Complementarmente foram estudados alguns dos processos inerentes à formação dos vazios urbanos e a aplicação da AEIS enquanto política preventiva (conhecida como AEIS 2) no Rio de Janeiro, as categorizas das diferentes feições com que se apresentam e sua capacidade de atendimento às demandas habitacionais.

PALAVRAS-CHAVE: Áreas de Especial Interesse, Habitação Social, Vazios Urbanos, Regularização Fundiária, Lei nº 13.465/17.

ABSTRACT: This work intends to review the theoretical and practical efficiency of the AEIS- Special Area of Social Interest-and its connection with housing and planning of the city and the consequences derived from its implementation.

The research is based on the hypothesis of a misalignment of AEIS regarding Rio de Janeiro´s City Master Plan and seeks to understand the causes, capacities and limitations in addition to the potential distortion of the regulatory actions of the urban territory as a result of the new REURB instrument created by the enactment of Federal Law No. 13.465 / 2017 under the point of view of full land regularization and social inclusion.

An analysis was made in the way the AEIS applies in City Master Plan of different Brazilian capitals allowing deeper reflection of the commonly applied parameters and allowing a comparative evaluation.

Special emphasis was given to the aspects of initiatives, criteria and paths of installing AEIS.

In addition, some of the inner processes that form urban vacant lands and buildings and the use of AEIS as a preventive policy (knowing as AEIS 2) in Rio de Janeiro were studied, as well as the categorization of the different features and their capacity to meet housing demands.

KEYWORDS- LAND: Tenure Regularization, Law n° 13.465/17, Social housing, Urban Vacant land, Special Area of Social Interest

O objeto específico de análise desta pesquisa é a ZEIS- Zona de Especial Interesse Social- também referidas como AEIS- Área de Especial Interesse Social- termo utilizado, por exemplo, no âmbito da cidade do Rio de Janeiro. Esse zoneamento suplanta aquele convencional aplicado à produção formal da cidade e implica em desdobramentos urbanísticos importantes para lidar com o direito fundamental à moradia conforme art.6° da CF.

Em essência, a ZEIS representa o reconhecimento de processos urbanísticos, decorrente de históricos processos populares e informais, e está intimamente atrelada à habitação de baixa renda (ROLNIK-2013).

Com a declaração de ZEIS, em tese, inicia-se um processo de regularização urbanística e edição de normativa específica para certas localidades do território. Podem ser instituídos pelo instrumento básico do Planejamento urbano, o Plano Diretor, ou outros instrumentos legais específicos, sendo, contudo, importante ressaltar que nem todas as cidades que possuem Plano Diretor instituíram a ZEIS, resultando que a quantidade de cidades com ZEIS ainda é menor que o número de municípios com o Plano Diretor (IBGE Municípios 2017).

Também é possível realizar a declaração de AEIS em vazios urbanos ou em locais subutilizados onde não esteja sendo realizada a função social da propriedade, como é o caso de imóveis construídos ou não, não utilizados ou subutilizados, preferencialmente em regiões infraestruturadas. Nesse último caso teríamos as ZEIS de vazios, instrumento existente no Plano Diretor das maiorias das capitais e conhecido, no município carioca, como AEIS-2.

Ambas as tipologias de AEIS afastam os requerimentos exigidos, tanto as oriundas da lei de parcelamento do solo quanto daquelas relacionadas ao uso ou à construção edilícia. Em função de circunstâncias determinadas, autorizam um tratamento diferenciado, mais simples, menos elitista dos índices urbanísticos de maneira a assegurar o direito à moradia (DALLARI, 2010, p.82)

Pertinência do Tema

Segundo o relatório do IBGE-2016, Perfil dos municípios brasileiros, nos 42 municípios com mais de 500 000 habitantes: 83% apresentam favelas; 43% cortiços; loteamentos irregulares ou clandestinos, 97,6%; prédios ocupados por movimentos de moradia. Todos eles se articulam de forma direta com o instituto da ZEIS.

No âmbito da cidade do Rio de Janeiro o problema é extremamente relevante, haja vista a presença de mais de 20% da população carioca em áreas de favelas segundo o Instituto Pereira Passos e cuja correlação com as AEIS é imanente e exerce impactos sobre a cidade e o meio ambiente.

A eficiência das AEIS cariocas

Após décadas da promulgação da CF de 88, assevera Maricato (2015) que o Direito à Cidade continua a ser uma fonte perene de conflitos o que nos leva a indagar se os instrumentos ou a forma de aplicação exercida pelo Poder Público têm sido capazes de atenuar a configuração desigual das cidades partidas.

Centenas de AEIS vêm sendo implantadas através de leis oriundas, tanto do Poder Executivo quanto da Câmara Municipal do Rio de Janeiro. Essa produção se tornou bastante profícua após a promulgação do primeiro Plano Diretor da Cidade de 1992, no entanto, entende-se que o uso deste instrumento necessita ser revista para que se articule com os preceitos originais contidos no Plano Diretor Decenal. Por fim, a sua eficiência, principalmente no que tange a AEIS do tipo 2, tem estado aquém das demandas por habitação digna.

Até 2017, houve, aproximadamente, 1.000 AEIS instituídas de acordo com as regras estabelecidas pelo Plano Diretor. É possível que sua extensão possa incluir futuramente extensas áreas da cidade do Rio de Janeiro (TRELLES, 2018). Por outro lado, não foram encontrados praticamente nenhuma AEIS do tipo 2, ou seja, reservas de áreas para habitação de baixa renda, em que pese a previsão de macrozonas de ocupação incentivada conforme o Plano Diretor do Rio de Janeiro de 2011. Esta contradição se articula com a consolidação do sistema urbano como fonte contínua de acumulação do capital (HARVEY, 2014).

Verifica-se ainda, uma desarticulação entre a instituição da AEIS e a necessidade habitacional de interesse social no Rio de Janeiro. Tal hipótese decorre dos quantitativos de projetos de regularização fundiária plena realmente obtidos com as declarações de AEIS. As causas para esta situação podem ser subdivididas em decorrência de uma miríade de fatores: recursos financeiros e administrativos, conflito político, falta de estrutura, organização da informação, entre outros.

O novo instituto de regulação, REURB, representa um viés quanto ao tratamento dos assentamentos informais e resgata a tese central do trabalho de Hermano de Soto (2001), almejando um movimento em massa de regularização (no aspecto dominial). A instalação da REURB poderá tornar irrelevante e dificultosa a implantação da AEIS ou obstruir seu andamento caso o município não imponha sua autonomia constitucionalmente instituída.

O trabalho analisou a implantação das AEIS no Rio de Janeiro desde a edição do Plano Diretor de 1992, explorando a quantificação das AEIS produzidas e as respectivas fontes de iniciativa, sendo descortinados alguns dos atritos principais entre os poderes Legislativo e Executivo e a jurisdição pertinente.

As reflexões foram aprofundadas por meio da obtenção de dados estatísticos que refletem a dimensão territorial e social do tema que permitem compreender ainda como se estabelecem esses territórios oficialmente segregados da cidade formal.

As dificuldades técnicas para formulação de normas instituidoras de AIES incorrem em desarticulação entre as zonas realmente carentes da cidade e as declarações de zoneamento especial. Visualiza-se com isso uma situação a ser agravada com a aplicação da REURB sob a regência da Lei 13.465/17.

Com outro viés, a AEIS 2, destinada às áreas subutilizadas e vazios, também identificada com AEIS preventiva, como descrita por Edésio (2002), emerge como uma das possibilidades a serem repensadas para aplicação da justiça social na cidade. Pode-se vislumbrar esta afirmação a partir das pesquisas de Souza (2014), apontando a existência de aproximadamente 210 mil imóveis vagos, uma condição que corrobora com o explanado, contrastando com os dados da Fundação João Pinheiro que identifica um déficit de cerca de 215 mil moradias no município do Rio de Janeiro. Note-se que no trabalho de Souza (2014) não se incluem aqueles subutilizados, podendo nesse caso expandir ainda mais o universo de possibilidades para a AEIS 2.

REFERÊNCIA BIBLIOGRÁFICA

IBGE. **Perfil dos Municípios Brasileiros** 2015. Rio de Janeiro, 2016.

DALLARI, Adilson Abreu. **Estatuto da cidade:(comentários à Lei Federal 10.257/2001).** São Paulo: Sociedade Brasileira de Direito Público, 2010.

DE SOTO, Hernando. **O mistério do capital: por que o capitalismo dá certo nos países desenvolvidos e fracassa no resto do mundo.** Rio de Janeiro: Record, 2001.

FERNANDES, Edésio, et al. Regularização da Terra e da Moradia – O que é e como implementar, in: ALFONSIN, Betânia de Moraes; SERPA, Claudia Brandão de;. São Paulo, Instituto Polis, 2002, 175 p. Disponível em – Acesso em 19 jul. 2006. MARICATO, Ermínia. **Para entender a crise urbana.** São Paulo: Expressão Popular, 2015.

MARICATO, E. **Para entender a crise urbana.** São Paulo: Expressão Popular, 2015.

HARVEY, David. **Cidades Rebeldes: do direito à cidade à revolução urbana.** São Paulo. Martins Fontes. 2014.

ROLNIK, Raquel; SANTORO, Paula Freire: **Zonas Especiais de Interesse Social (ZEIS) em Cidades Brasileiras: Trajetória Recente de Implementação de um Instrumento de Política Fundiária.** Lincoln Institute of Land Policy Documento de Trabajo del Lincoln Institute of Land Policy, 2013.

SOUZA, Leandro Gomes. Análise espacial e gestão municipal de vazios urbanos no Rio de Janeiro. **Dissertação apresentada ao Curso de Mestrado do Programa de Pós-Graduação em Planejamento**

Urbano e Regional da Universidade Federal do Rio de Janeiro, 2014.

TRELLES, E. Áreas de especial interesse social: análise da experiência carioca. In: CORREIA, Arícia Fernandes (Org.) **Direito da Regularização Fundiária Urbana Sustentável.** Juíz de Fora: Editar, 2018. No prelo.

DIREITO À MORADIA DIGNA FRENTE ÀS NORMAS DE REGULARIZAÇÃO FUNDIÁRIA DO BRASIL: A INSTITUCIONALIZAÇÃO DO DIREITO DE LAJE

Eric Santos Andrade[63]

RESUMO: Propõe-se entender se o direito de laje contempla o apenas o direito de propriedade ou o direito à moradia digna. Parte-se da construção da teoria do mercado possessivo que privilegia a propriedade econômica e como que se aparta das demais funções: ambiental, social e habitacional. A CF/88 dispõe acerca da função social, direito fundamental, na qualidade de relativizador da propriedade absoluta. Dentre eles cumpre a função social a efetivação da moradia que será reflexo nas políticas e leis de regularização fundiária. O objeto será o direito de laje e qual sua compreensão pragmática, principalmente na REURB, face a sua matriz social que se volta a moradia digna. A forma que o instituto é modificado reflete a regressão das leis de regularização fundiária e de suas propostas que tendem a beneficiar o capital. Por fim, debate-se como consequência um paradoxo entre a intenção do constituinte e as leis bem como a

---

[63]Mestrando na linha direito da cidade da UERJ. Advogado. Com e-mail: ericandrade@advocaciafamiliar.com.br. Endereço para acessar este CV: http://lattes.cnpq.br/1295100572894793.

possibilidade de pensar o direito à moradia desligada de imprescindível necessidade de titularização da propriedade.

PALAVRAS-CHAVES: Direito de Laje, Direito à Moradia Digna, Regularização Fundiária, Direito de Propriedade, Individualismo Possessivo.

ABSTRACT: It is proposed to understand if the right of slab contemplates the only right of property or the right to decent housing. It starts from the construction of the theory of the possessive market that privileges the economic property and how it departs from the other functions: environmental, social and housing. The CF/88 provides for the social function, fundamental right, as a relativizer of absolute property. Among them, the social function fulfills the effective housing that will be reflected in the policies and laws of land regularization. The object will be the right of slab and what its pragmatic understanding, mainly in the REURB, in face of it social matrix that returns to the decent dwelling. The way in which the institute is modified reflects the regression of land regularization laws and their proposals that tend to benefit capital. Finally, a consequence is a paradox between the intention of the constituent and the laws, as well as the possibility of thinking about the right to housing, disconnected from the indispensable need for securitization of property.

KEYWORDS: Laje Right, Right to Dignified Housing, Land Settlement, Property Rights, Possessive Individualism.

É proposta a discussão da institucionalização do direito de laje sobre o viés legislativo urbanístico que comumente condiciona a efetividade do direito à moradia digna a detenção de um título de propriedade. Toma-se como base a Lei n° 13.465/17 que alterou a dinâmica da regulação fundiária e trouxe o direito de laje como um novo instrumento. Para entendermos a questão que envolve a distribuição da propriedade e sua hegemonia modernista que se aparta de qualquer outra espécie de direito fundamental nos remetemos ao modelo de *mercado possessivo* (MACPHERSON, 1979, p. 13) como marco teórico. A propriedade nessa perspectiva liberal burguês é aquela que só possui quem tem capital, excluindo-se todos os outros (a maioria). Como consequência temos a concentração de propriedades nas mãos de poucos - *o individualismo possessivo*.

Uma só era a essência: justificar a propriedade enquanto atributo de liberdade humana. Thomas Hobbes acredita que a liberdade humana compreende verdadeiro modelo de sociedade civil quando todos podem exercer sua propriedade de forma protegida. Para os Niveladores a essência da liberdade humana parte da noção do livre exercício da propriedade que, por sua vez, corresponderia a importantes direitos, como os de sufrágio. Nesse momento a liberdade era reflexo do mero exercício da *posse* (GABELLA, 2002, p. 230).

Para James Harrington poder e propriedade são tidos como sinônimos. A teoria do equilíbrio está no fundamento de que a propriedade constituirá a *commonwealth*. Está fundada na estrutura de classes, a propriedade é vetor que justifica o modelo de mercado possessivo (HARRINGTON, 1656, p. 161). E, finalmente, o ciclo do individualismo possessivo se completa com a teoria da introdução do *Capital* no estado de natureza de John Locke. O dinheiro seria naturalmente aceitável entre os indivíduos antes mesmo da sociedade civil e, portanto, justificaria a relativização dos limites naturais que impedem uma propriedade *patrimonialista e ilimitada* (LOCKE, 1994, p. 7-8).

A compreensão destas teorias políticas individualistas reflete hoje na maneira como o ordenamento jurídico brasileiro vê o direito de propriedade (art. 5°, inciso XXIII, CF/88). Ao nos questionarmos sobre o alcance dessa relativização do seu poder, até então individualista e absoluto, o direito de propriedade também passa a atender as funções sociais da cidade bem como proporcionar o bem-estar a todos os seus habitantes (art. 182, CF/88). Questionar o *modus operandi* das leis urbanas de regulação sob o viés constitucional tomando por objeto o direito de laje (art. 55 da Lei 13.465/17) é o tema do trabalho.

Parece-nos que a burocratização e a exigente operacionalização normativa fomentam no plano factual uma forte problematização fundiária no país. Suas propostas centram-se sempre na preocupação da concretização do direito fundamental da moradia digna. Portanto, podemos afirmar que nossa regularização fundiária mostra-se como eminente política voltada à *habitação social* (art. 23, inciso IX, CF/88).

No Brasil a realidade não esconde que o brasileiro sofre grave problema fundiário. Grande parte dos brasileiros vivem de aluguel ou às margens da legislação. Esses locais serão aqueles não almejados ou abandonados pelo mercado, como é o caso das favelas e comunidades. É nesse momento que as pessoas acabam construindo suas moradias de forma irregular: os famosos "puxadinhos" do direito de laje. Portanto, a situação irregular é fruto da ausência de opção, de políticas inadequadas e da especulação imobiliária (MARICATO, 2003, p. 155).

Cada vez mais as políticas urbanísticas tem resultado na segregação da classe de baixa renda e marginalizando nas periferias um grande número de pessoas que não possuem recursos para participar do mercado formal imobiliário. São ocupações que se dão quase sempre em propriedades vazias ou subutilizadas, isto é, meramente especulativas (MARICATO, 2003, p. 157).

É nesta ocasião que emerge na doutrina como resposta a esta situação de marginalização e da "irregularidade dos puxadinhos" o direito de laje na REURB. Partindo do objeto o problema mediato será: até que ponto a influência do capital direciona os instrumentos urbanísticos de ordenação da cidade, principalmente quando falamos em fomento de políticas de habitação e moradia? Depois, o problema imediato: em que medida essa nova regulamentação normativa do direito de laje pela lei se adequa ao que a doutrina propõe? Concretiza o direito à moradia ou da propriedade?

A hipótese do trabalho parte da dedução-lógica de que a normatização do direito de laje na REURB atende precipuamente a propriedade e não a moradia. Portanto, a lei é de fato um produto de regularização fundiária urbana e rural, alinhado ao objetivo de dinamização da economia, nesse caso especialmente através da facilitação do acesso ao crédito, que o título jurídico-real confere.

O direito de laje difunde ainda dúvidas. Investigar os motivos que levaram a essa desproporção de terras no território brasileiro é entender porque o capital seleciona determinados espaços ao invés de outros. Ao nosso entender a ambiguidade está na visão de que a somatória de novas unidades formais no mercado imobiliário é dizer que todas as demais garantias fundamentais serão satisfeitas. A procedimentalização fundiária parte do pressuposto que o atendimento de qualquer fim social pressupõe antes de tudo a "legalização" dos núcleos urbanos informais (art. 9º da Lei 13.465/17).

Nos parece que é nesse sentido que vem o direito de laje como proposta à dignificação da moradia. O direito real de laje primeiramente veio como construção social de um desdobramento do direito real de superfície (LIMA, 2005, p. 306) que se fazia presente nos *assentamentos irregulares*. Antes mesmo de reconhecer-se como um direito já nele era reconhecido o direito à moradia digna mesmo que por vias transversas tocasse a propriedade pela funcionalização. Suas repercussões chegaram a ser tão significativas pela dinamicidade do instituto que sua primeira aparição legal veio no Enunciado n.568 da VI Jornada de Direito Civil em 2013 como *direito de sobrelevação*.

Entender o direito de laje dentro da REURB é um dos pontos centrais do trabalho. Dizemos que o direito de sobrelevação antes de direito real era a mais pura forma de moradia. Há quem defenda que o direito de laje deveria não ser direito real sobre coisa alheia, mas no mínimo direito real sobre coisa própria não se confundindo com o direito de propriedade.

A visão topográfica legal nos faz crer que o direito de laje é direito real sobre coisa alheia. Vale dizer, será necessário haver uma propriedade formal onde averba-se a matrícula autônoma no RGI do imóvel-base. De toda sorte, na ausência da titulação formal da propriedade não será reconhecida legalmente as construções de laje voltada à moradia como o sempre foram antes da REURB.

Voltamos a dizer que a "laje" vem, sobretudo, para referendar o propósito de regularização especialmente voltada às áreas economicamente desfavorecidas, nas quais é praxe edificar sobrelevações e adquirir sua posse. Todas estas áreas estão fora do mercado formal imobiliária. Aqui está um dos pontos críticos, pois em áreas irregulares não se pode reconhecer o direito de laje, não até que se atendam todos os critérios da REURB. Vemos o *individualismo* ainda na frente do coletivo. Por mais que nos dias de hoje aparente que já tenhamos superado o individualismo possessivo, não o é verdade. Seria o direito de laje um instrumento que atribui antes de tudo à titulação de

167

domínio útil? Do domínio pleno? Ou o direito à moradia digna em sua forma pura?

A metodologia parte da análise legislativa, doutrinária e jurisprudencial que nos levarão a concluir qual vem sendo o papel reconhecido à sociedade que demanda a moradia diante da REURB e da laje bem como trabalhar com a visão de autores que tragam considerações sobre os efeitos do individualismo possessivo em outros países, como será o caso da Espanha "asocial" (MORENO, 2012, p. 23). Iremos nos valer de análises comparativas de antes e depois do advento do direito de laje a fim de mensurar o ganho social eficaz para com a função social da cidade. Por fim, far-se-á análise crítica das disposições formais do instituto e quais seriam os possíveis limites ou contradições.

O plano de trabalho será de três capítulos. No primeiro capítulo será trabalhado a construção teórica do individualismo possessivo partindo da visão de C.B. MacPherson e de críticos ao seu modelo de sociedade. Neste ponto a discussão cinge-se na propriedade como construção liberal burguesa que trata a terra como fator de produção e de estabilidade dos interesses individuais.

O segundo capítulo buscará desenvolver as concepções do direito à moradia partindo do problema fundiário brasileiro e da assimetria do território em razão do capital. Para isso discutir-se-á o direito de propriedade e a ausência de formalidade no Brasil. A propriedade para quem pode pagar e a moradia irregular em áreas onde não há interesse para quem pode – processo de informalização.

O último capítulo abordará a proposta do trabalho antes e depois do direito de laje partindo da hipótese apresentada. Verificará se o direito de laje atende apenas o direito de propriedade ou atende o direito de moradia por meio de confrontações legislativas, doutrinárias e jurisprudenciais.

Questionamos a existência de uma ambiguidade entre a Constituição e o plano real das leis de regularização fundiária, o direito de laje vem se mostrando um exemplo disso. Questiona-se a possibilidade de efetivar neste cenário a moradia digna ausente de prévia titulação da propriedade. Se a moradia digna é uma das formas de funcionalizar a propriedade, logo, podemos dizer que se poder haver a propriedade sem contemplar o direito à moradia o inverso seria também verdade?

REFERÊNCIA BIBLIOGRÁFICA

GABELLA, Pablo Romero. **El radicalismo en la Revolución Inglesa: crisis constitucional y crisis de conciencia en el siglo del absolutismo**. Historia constitucional: Revista Electrónica de Historia Constitucional, n. 3, 2002.

HARRINGTON, James (1656). **The commonwealth of Oceana, in the political works of James Harrington**. Edição de John G. A. Pocock. Cambridge: Cambridge University Press.

HOBBES, Thomas. **Do Cidadão**. São Paulo: Martins Fontes, 2002.

LIMA, F. H. V. **O direito das Superfícies como instrumentos de planificação urbana**. Rio de Janeiro: Renovar, 2005.

LOCKE, John. **Segundo Tratado sobre o Governo Civil**. Tradução: Magda Lopes e Marisa Lobo da Costa. Editora Vozes: Petrópolis, 1994.

MACPHERSON, Crawford Brough. **A Teoria Política do Individualismo Possessivo de Hobbes até Locke**. Tradução: Nelson Dantas. Rio de Janeiro: Paz e Terra, 1979.

MARICATO, Ermínia. **Metrópole, Legislação e Desigualdade**. Estudos Avançados 12 (48), 2003, pag. 151/167.

MORENO, Luis. **La Europa asocial. ¿Caminamos hacia un individualismo posesivo?**. Ediciones Península Barcelona, 2012

DIREITO À CIDADE PELO ALUNO DEFICIENTE - A PRÁXIS DO ESTATUTO DA PESSOA COM DEFICIÊNCIA

Jéssica Maria Fonseca Calegário[64]

RESUMO: A lei 13.146, sancionada em 2015, que teve como base a Convenção sobre os Direitos das Pessoas com Deficiência, foi a primeira lei voltada para a efetivação dos direitos básicos da pessoa com deficiência. Antes, apenas esparsas políticas públicas existiam. O trabalho em questão é uma pesquisa de campo em escolas públicas e particulares a respeito da recepção da lei pelas instituições em questão e pela sociedade, seu cumprimento e sua efetividade. Foram entrevistados diretores, pedagogos, psicólogos e professores, afim de traçar um panorama de como a lei está sendo recebida, e principalmente se está sendo executada pela sociedade.

ABSTRACT: Law 13,146, enacted in 2015, which was based on the Convention on the Rights of Persons with Disabilities, was the first law aimed at implementing the basic rights of persons with disabilities. Before, only sparse public policies existed. The work in question is a field research in public and private schools regarding the reception of the law by the institutions in question and by society, its fulfillment and

---

[64] Graduanda em Direito pela Universidade Federal Fluminense. Autora do livro *"Família e Direito Oitocentista"* (Editora Prismas – lançamento em dezembro), palestrante em nível nacional e internacional. Inúmeros artigos publicados.

its effectiveness. Directors, pedagogues, psychologists and teachers were interviewed, in order to give an overview of how the law is being received, and especially if it is being carried out by society.

PALAVRAS – CHAVE: Direito; Cidade; Lei; Pessoa; Deficiência.

O Estatuto da Pessoa com Deficiência é, sem dúvidas, uma vitória da consolidação dos ditames da Convenção, ampliando a esfera de direitos da pessoas com deficiência. O Estatuto constitui "uma nova forma de perceber o ser humano em sua força e fragilidade, uma nova forma de compreender que a diversidade é um traço que não tem de separar as pessoas, mas uni-las, num sentimento de identidade e pertencimento" (PAIM, 2015, p.11).

Mas e quanto a *efetividade* da lei? A lei está de fato se adaptando à realidade das escolas? Como esta lei está sendo recepcionada pelas instituições de ensino e pela sociedade? Esta é a pergunta que este trabalho visa responder, através de um amplo e revelador trabalho de campo, do qual foram tiradas algumas conclusões, que não impedem o leitor de tirar as suas próprias, devido a complexidade moral e subjetiva das falas aqui inseridas.

O trabalho de campo foi feito com o intuito de avaliar a práxis do Estatuto da Pessoa com Deficiência, no que tange o aspecto educacional, nas escolas públicas e privadas de Macaé. Dessa forma, a atenção foi voltada para o Capítulo IV do Estatuto ("Da Educação").

Para isso foram elaborados dois questionários. Os questionários perguntavam indiretamente sobre o cumprimentos dos incisos do artigo 28 do Capítulo IV do Estatuto ("Da Educação", assim de forma natural e espontânea os 5 diretores de escolas publicas e particulares respondiam se a escola cumpria ou não a nova lei).

Instituições Públicas

Lions

A Escola Municipal Lions se localiza na Rua Irene Meirelles - Glória, Macaé. É considerado polo no atendimento a pessoas com deficiência em Macaé. A escola possui transporte escolar público, laboratório de informática com 9 computadores, sala de leitura e sala de atendimento especial.

O ensino regular conta com pré-escolas de meio período, ensino regular fundamental e anos iniciais. A atividade complementar inclui apoio escolar em leitura e produção de texto, apoio escolar em matemática e apoio escolar em português. O atendimento educacional especializado (AEE) conta com cursos de Libras, cursos da Língua Escrita para alunos com deficiências, cursos para Autonomia na Escola e cursos para o Desenvolvimento de Processos Mentais.

O atendimento das turmas se dá por atividade complementar e atendimento educacional especializado (AEE). Foram entrevistadas ao vivo através de questionário a diretora Janaína Zimmer Fagundes e a professora de libras Karine Pessoa.

A primeira pergunta: "Dos alunos especiais desta instituição, quantos tentaram matrícula ou já estiveram matriculados em escola particular antes de fazer matrícula nesta instituição?" foi respondida por Janaína Fagundes e Karine Pessoa concomitantemente. As entrevistadas responderam que em torno de 3 alunos, mas salientaram a complexidade da pergunta:

> Essa dúvida é algo que devemos buscar no Censo escolar, porque existe uma questão importante: a gente só pode considerar aluno com necessidade especial o que tem laudo. O aluno que não tem laudo ele não entra no censo escolar, e a gente tem aluno que tem necessidade, mas não tem laudo e não é contado no censo, mas ele está na nossa escola. Tem mãe que não leva ao médico, tem medico que não esta dando laudo mais para não se comprometer. Em caso de surdez é muito fácil, sempre tem laudo, porque o fonoaudiólogo mesmo pode dar o laudo.

Ancyra

A Escola Municipal Ancyra Gonçalves Pimentel se localiza na Avenida Amaral Peixoto, 555, Miramar, Macaé, e é considerada um polo na assistência a estudantes com deficiência. É uma escola de Ensino Fundamental, Educação Especial para Jovens e Adultos, tem 13 de 14 salas utilizadas, 153 funcionários, Laboratório de Informática com 28 computadores, Laboratório de Ciências, Sala de Recursos Multifuncionais para Atendimento Educacional Especializado (AEE), quadra de esportes descoberta, sala de leitura, banheiro e demais dependências adequadas a alunos com deficiência e mobilidade reduzida, refeitório, auditório e pátio coberto.[65]

Foram entrevistados ao vivo através do questionário Eder Pereira Peçanha, diretor geral, professor de Ciências e técnico de robótica, e Israel de Carvalho Silva, diretor adjunto e ex professor de sala de recursos. Os dois foram entrevistados concomitantemente, como na entrevista da Escola Municipal Lions.

A primeira pergunta: "Dos alunos especiais desta instituição, quantos tentaram matrícula ou já estiveram matriculados em escola particular antes de fazer matrícula nesta instituição?" ficou para ser respondida posteriormente por um e-mail, mas não houve retorno, porém o diretor adjunto e ex professor de sala de recursos Israel de Carvalho Silva citou, junto com o diretor Eder Peçanha, um caso concreto recente:

> Eu tenho ciência de uma, que é a "Maria", uma aluna cadeirante, que veio de escola particular. A mãe tirou ela da escola particular pois ela não estava incluída na escola, aí a mãe transferiu para cá. Essa aluna teve uma fala muito interessante, porque perguntaram a ela se ela se sentia feliz aqui na escola e porque, e ela respondeu: "Sim, porque aqui eu sou vista. As pessoas me enxergam aqui". Foi muito gratificante para a escola porque a criança se sente incluída. Ele pode externar aquilo que ela não conseguia na outra escola, então os professores já tem essa noção.

---

[65]Site Escol.as. **CM Ancyra Gonçalves Pimentel**. Disponível em: < http://www.escol.as/176207-cm-ancyra-goncalves-pimentel>. Acesso/Acessado em: 12/03/2014.

Instituições Particulares

Para a pesquisa de campo com escolas particulares foram escolhidas escolas que abrangessem todos os níveis de Ensino, pois assim teríamos uma multiplicidade de sujeitos com idades, necessidades e perspectivas diferentes, enriquecendo o produto final da pesquisa. Além é claro de escolhendo escolas que abrangessem todos os níveis de Ensino, teríamos um espaço amostral para pesquisa, ou seja, uma quantidade de sujeitos muito maior, o que traz mais credibilidade ao produto final da pesquisa.

Houve um cuidado também de se escolher duas escolas com aspectos pedagógicos completamente diferentes, ou seja, se escolheu um colégio com um aspecto moderno e outro com um aspecto tradicional, para que no final da pesquisa fosse traçado um paralelo entre o aspecto pedagógico conservador e moderno e a consequente disponibilidade das instituições em se adaptar ao novo Estatuto. Entretanto, no final da pesquisa foi constatado que tais fatores pedagógicos não interferiram no cumprimento dos requisitos do Estatuto pelas duas particulares.

O colégio dito tradicional ficou de responder se poderíamos ou não usar o nome da instituição na pesquisa, mas permitiu, em todo caso, que a chamasse de "Instituição Católica". O Colégio de aspecto moderno chama-se "Colégio Aprovado", onde segundo o próprio site possui um método de ensino "onde o aluno é estimulado a questionar, argumentar, concluir e organizar seu pensamento."[66].Seu ensino abrange o Fundamental I, Fundamental II , Ensino Médio e Pré-Vestibular. As entrevistas completas com os profissionais de todas as instituições estão no artigo original.

CONCLUSÃO

A conclusão que tiramos das 9 entrevistas realizadas em escolas públicas e particulares, é que as escolas públicas de Macaé estão mais preparadas para lidar com alunos com necessidades especiais, especialmente por conta das exigências do MEC em relação à alunos com necessidades especiais (NOTA TÉCNICA Nº 04 / 2014 / MEC / SECADI / DPEE)[67]. A tendência é que com o novo Estatuto as escolas particulares venham a prestar um serviço parecido, sem anuidades.

REFERÊNCIA BIBLIOGRÁFICA

Acosta, Lourdes. Site da Prefeitura de Macaé. **Roda de Conversa Discute Direito à Educação Inclusiva.** Disponível em: <http://www.macae.rj.gov.br/desenvolvimentosocial/leitura/noticia/roda-de-conversa-discute-direito-a-educacao-inclusiva>. Acesso/Acessado: 18/12/2015.

Escolas e Creches. Com. Br. **Escola Municipal Lions em Macaé.** Disponível em: <http://guia-rio-de-janeiro.escolasecreches.com.br/ensino-regular/ESCOLA-MUNICIPAL-LIONS-macae-macae-rio-de-janeiro-i33015562.htm>. Acesso/Acessado: 12/03/2016.

---

[66] Site do Colégio Aprovado. Disponível em: https://colegioaprovado.com.br/sobre. Acesso/Acessado: 13/03/2015.

Escol.as. **CM Ancyra Gonçalves Pimentel**. Disponível em :
<http://www.escol.as/176207-cm-ancyra-goncalves-pimentel>.
Acesso/Acessado em: 12/03/2014.

Site do Colégio Aprovado. Disponível em:
<https://colegioaprovado.com.br/sobre.> Acesso/Acessado: 13/03/2015.

Site Da "Instituição Católica". Disponível em: <http://-------------
.com.br/site/a-instituicao/finalidade-educativa/>. Acesso/Acessado:
13/03/2013.

Trindade, Joice. Site da Prefeitura de Macaé. **Educação inclusiva se
destaca na rede municipal.** Disponível em:
http://www.macae.rj.gov.br/semed/leitura/noticia/educacao-inclusiva-
se-destaca-na-rede-municipal. Acesso/Acessado: 18/12/2015.

DIREITO DAS CIDADES, SANEAMENTO BÁSICO E FEDERALISMO COOPERATIVO

CITY LAW, BASIC SANITATION AND COOPERATIVE FEDERALISM.

Leandro Figueiredo Leal[68]

RESUMO: A Constituição Federal de 1988 garantiu às Cidades competências exclusivas, concorrentes e comuns, promovendo-as a um espaço autônomo e importante na organização política-administrativa da Federação. Neste aspecto, o presente trabalho apresenta como proposta uma análise da competência comum das Cidades, acerca do tema de saneamento básico sobre o prisma do Federalismo Cooperativo e da Medida Provisória 844/2018 (Marco Legal do Saneamento Básico), na perspectiva da Constituição Federal, da Doutrina e do Política, para identificar a implicação de um sobre o outro e os efeitos nas Cidades.

PALAVRAS-CHAVE: Competência comum; Política de Saneamento; Federalismo Cooperativo.

[68] Leandro Figueiredo Leal, graduado em Direito pela Universidade Estácio de Sá, Laboratório de Pesquisa de Jurisdição Constitucional Brasileira/LPJCB, Seropédica/RJ, Advogado.

179

ABSTRACT: The Federal Constitution of 1988 guaranteed to the Cities exclusive competences, common and competitive, promoting them to an autonomous and important space in the political-administrative organization of the Federation. In this aspect, the present work presents as a proprosal an analysis of the common competence of the Cities about the theme of basic sanitation on the prism of Cooperative Federalism and the Provisional Measure 844/2018 (Legal Framework for Basic Sanitation), in the perspective of the Federal Constitution, the Doctrine of the Supreme Federal Court, to identify the implication of one on the other and the effects in Cities.

KEYWORDS: common competence; Sanitation policy; Cooperative Federalism

No Brasil é possível identificar uma evolução do Saneamento Básico. Com a Constituição Federal de 1988, em seu inciso IX do Art. 23 que concede importância e competência comum ao Município em equidade aos demais entes federativos no tema de Saneamento. A Cartilha "Saneamento: Responsabilidade do Município. Como fazer saneamento em seu Município" da Associação Nacional dos Serviços Municipais de Saneamento (ASSEMAE) em 1997. A Lei 7.733/98 do Município de Santo André/SP - primeiro dispositivo Municipal, no Brasil, a tratar da Política Municipal de Gestão e Saneamento Ambiental – dando um aspecto funcional e legal ao tema (BORJA & MORAES, 2006, p. 4).

O Saneamento após passar por um amadurecimento ganha a atenção da Câmara dos Deputados que toma a iniciativa de promover a I Conferência Nacional de Saneamento que destacou a:

> Defesa da autonomia municipal quanto à prestação dos serviços; reforço quanto à titularidade municipal como poder concedente dos serviços; gestão municipal, pública e autônoma; salubridade ambiental, entendida como direito do cidadão e dever do Estado, devendo ser assegurada por políticas sociais; e controle social (BORJA & MORAES, 2006, p. 4).

Somente em 2007 com a Lei Federal 11.445 é instituído o marco regulatório estabelecendo diretrizes nacionais para o saneamento básico e em 2013, como o Plano Nacional de Saneamento Básico (PLANSAB).

Além da característica do saneamento de Direito Fundamental e Social, mesmo não estando previsto dessa maneira na Constituição, a Organização das Nações Unidas (ONU) o descreve como Direito Humano distinto do direito a água potável (ASSEMBLEIA, 2016).

O município é sem dúvida o principal ator no que concerne o Saneamento Básico, haja vista o interesse local disposto no inciso I do Art. 30 da Constituição Federal de 1988. Mas o mesmo diploma confere, também, competência comum a União, aos Estados, o Distrito Federal e aos Municípios sobre o tema, conforme o seu inciso IX, Art.

181

23, o que promove o Federalismo que consiste na união de coletividades públicas dotadas de autonomia político-constitucional (DA SILVA, 2006, p. 101). Cabe salientar que:

> A regra do inciso IX do art. 23 legitima, de modo incontestável, além da ajuda propriamente dita (pela destinação de recursos, por exemplo), a troca de sujeito, quando a prestação do serviço de saneamento básico não for prestada pelo ente inicialmente incumbido de fazê-lo. Diante do caso concreto, a prestação pode ser atribuída a um município vizinho, ao estado, a outro estado, à União, à associação de municípios, à associação de município e estado, aos particulares. Várias soluções são possíveis, dependendo da ponderação das circunstâncias fáticas e jurídicas. (MARTINS, 2008, p. 185)

Com isso, um outro tema torna-se pertinente, o Federalismo Cooperativo que foi inaugurado pela carta magna de 1988 e que:

> É operado com base na divisão de competências, na qual a União, os Estados-membros, os Municípios e o Distrito Federal além de possuírem possuem das competências exclusivas, possuem, também, competências comuns em áreas como social e política, saúde, habitação e educação. (AMORIM & MARTINS, 2017)

Além disso é essencial para o exercício da competência comum ao Saneamento Básico, uma vez que proporciona as esferas de governo meios que possibilitem a interação dos Entes Federativos, o que torna imprescindível a criação de mecanismo que viabilizem ações que garanta a participação de todos (ABRUCIO, 2005, p. 45).

O desenho do saneamento básico no Brasil está fortemente ligado a política do momento, ora com ideias democráticas, ligadas à descentralização, ao fortalecimento do papel do Estado, ao resgate do papel do poder municipal, à participação popular, ora atendendo à lógica neoliberal, apontando para a privatização dos serviços de saneamento. (BORJA & MORAES, 2006, p. 4).

Deste modo é necessário contrapor dois momento da Política Nacional, a presidência de Fernando Henrique Cardoso (FHC) e Luiz Inácio Lula da Silva (Lula), onde o primeiro através da Política Nacional de Saneamento (PNS) promovia a flexibilização e privatização e o segundo "por meio do Ministério das Cidades, elabora através da Política Nacional de Saneamento Ambiental (PNSA) promove o fortalecimento do Estado e Federalismo Cooperativo, fortalecendo a titularidade do Município(BORJA & MORAES, 2006, p. 9). Ambas as propostas, com diferentes métodos, visam a universalidade e equidade para a efetivação do saneamento básico.

A exposição acima foi necessária para pôr a lúmen o novo marco do Saneamento, agora novamente por um governo mais liberal, a Medida Provisória de nº 844/2018 que desde da sua criação sofre críticas positivas e negativas. Com isso, traz o objetivo da proposta da presente pesquisa que é contrapor o novo Marco do Saneamento ao Federalismo Cooperativo e identificar os efeitos de um sobre o outro.

O Diretor-Presidente da Associação Brasileira das Empresas Estaduais de Saneamento Básico (AESBE) elaborou estudo em visível descontento a referida MP afirmando ser uma medida que prejudicará a gestão associada fortalece a presença da iniciativa privada em detrimento da pública, o que prejudicaria principalmente os municípios mais pobres,

> A MP n° 844/2018, ao contrário do que diz a ementa, não moderniza nem aprimora as condições estruturais do saneamento básico no País. Na realidade, promoverá uma verdadeira desestruturação do setor, dificultando à prestação regionalizada dos serviços, destruindo o subsídio cruzado, ferindo de morte as companhias estaduais de água e esgoto e possibilitando o aumento de tarifas. Com isso **prejudica** sensivelmente os **municípios mais pobres**, as zonas rurais e as periferias das grandes cidades e as populações que não tem acesso aos serviços. Além de tudo, cria uma verdadeira insegurança jurídica tendo em vista os seus diversos artigos que trazem no seu bojo aspectos altamente inconstitucionais, o que seguramente vai propiciar questionamentos por meio de ações judiciais. (OLIVEIRA FILHO, 2018).

A principal hipótese é de que a referida MP implica diretamente com o Pacto Federativo por proporcionar o desequilíbrio de oportunidades dos entes federativos mitigando a cooperação entre eles, onde o ente mais rico disporá de meios próprios para tratar de interesse próprio. Sendo os município mais carentes o mais prejudicado, afetando a sua autonomia.

REFERÊNCIA BIBLIOGRÁFICA

ABRUCIO, Fernando Luiz. A coordenação federativa no Brasil: a experiência do período FHC e os desafios do Governo Lula. **Revista de Sociologia e Política**, Curitiba, n. 24, jun. 2005.

AMORIM, R. F. MARTINS, F. J. B. **As dificuldades da implementação do federalismo social na república brasileira.** Revista da Faculdade de Direito da UFRGS, Rio Grande do Sul, n. 37. 2017

Assembleia Geral da ONU reconhece saneamento como direito humano distinto do direito à água potável. **Nacoesunidas,** 2016. Disponível em: <https://nacoesunidas.org/assembleia-geral-da-onu-reconhece-saneamento-como-direito-humano-distinto-do-direito-a-agua-potavel/>. Acessado em 14 out 2018.

BORJA P. C. MORAES L. R. S. **O Acesso às ações e serviços de saneamento básico como um direito social.** Disponível em: <http://www.aprh.pt/xii_silubesa/COMUNICACOES/82.PDF>. Acessado em: 13 out 2018.

CÂMARA DOS DEPUTADOS. **1ª Conferência Nacional de Saneamento.** Brasília: Câmara dos Deputados/Coordenação de Publicações, 2000

CHOAY, Françoise. **O Urbanismo. Utopias e Realidade. Uma Antologia.** São Paulo, Ed. Perspectiva, 1979.

DA SILVA, José Afonso. *Curso de Direito Constitucional Positivo.* 27ª ed. São Paulo: Malheiros Editores, 2006.

OLIVEIRA FILHO, A. **Impactos e consequências da Medida Provisória n° 844/2018 para o saneamento básico e a população brasileira.** Disponível em: <http://www.fnucut.org.br/wp-content/uploads/2018/09/Estudo-do-impacto-da-mudanca-do-Marco-Legal-do-Saneamento-Basico.pdf>. Acessado em:

A ECONOMIA DE COMPARTILHAMENTO NOS BENS PÚBLICOS OCIOSOS OU MATERIALMENTE DESAFETADOS COMO SOLUÇÃO À VEDAÇÃO DA USUCAPIÃO

Maria Isabel Santana Pomaroli[69] [70]

RESUMO: Famosa no Brasil por conta da Uber e do Airbnb, a Economia de Compartilhamento tornou-se uma expressão corriqueira quando se fala em formas de consumo do século XXI, sendo que uma das serventias que pode ser extraída de tal fenômeno é a busca pelo atendimento da função social do bem. Em um contexto de grande quantidade de imóveis públicos ociosos ou materialmente desafetados, como é o caso brasileiro, em especial, o carioca, a economia de compartilhamento apresenta-se como uma possível alternativa para se alcançar a consagração da função social dos bens públicos. Com vistas postas sobre estas questões, por meio da metodologia hipotético-dedutiva com revisão bibliográfica, o presente estudo objetiva discutir a aplicabilidade da economia de compartilhamento aos bens públicos

---

[69] Advogada e mestranda no Programa de Pós-Graduação em Direito da Universidade do Estado do Rio de Janeiro (PPGD-UERJ), linha de pesquisa Direito da Cidade. Pesquisadora bolsista da Coordenação de Aperfeiçoamento de Pessoal de Nível Superior (CAPES). Graduada em Ciências Jurídicas e Sociais pela Faculdade Nacional de Direito da Universidade Federal do Rio de Janeiro - FND/UFRJ (2017).

[70] O presente trabalho foi realizado com apoio da Coordenação de Aperfeiçoamento de Pessoal de Nível Superior - Brasil (CAPES) - Código de Financiamento 001.

ociosos ou materialmente desafetados como meio de solução à vedação da usucapião.

PALAVRAS-CHAVE: Economia de compartilhamento; Bens Públicos; Função Social; Vedação da Usucapião.

ABSTRACT: In Brazil, shared economy is famous for Uber and Airbnb. The Economy of Sharing has become a common expression when it comes to consumption in the 21st century, and one of the services that can be extracted from this phenomenon is the search for the social function of the good. In a context of large numbers of public buildings idle or materially challenged, such as the Brazilian case, especially the Rio de Janeiro, the sharing economy presents itself as a possible alternative to achieve the consecration of the social function of public goods. Based on the hypothetical-deductive methodology with bibliographical review, the present study aims to discuss the applicability of the sharing economy to public assets that are idle or materially challenged as a means of solving the usucapian prohibit.

KEYWORDS: Sharing economy; Public Goods; Social Role; usucapion prohibit.

A Economia de Compartilhamento tornou-se uma expressão corriqueira quando se fala em formas de consumo do século XXI. Vista por Carlos Affonso Pereira de Souza e Ronaldo Lemos (2016) como uma nova etapa do processo de desenvolvimento econômico baseada no uso de tecnologia da informação a favor da otimização do uso de recursos por meio de sua redistribuição, compartilhamento e aproveitamento de capacidades excedentes, teve seu início nos Estados Unidos em meados da década de 1990 a partir do surgimento dos sites de recirculação de bens eBay e Craigslist . É válido ressaltar que, no Brasil, o termo ganhou fama por conta da chegada avassaladora da Uber, plataforma de compartilhamento relacionada à mobilidade urbana.

No viés de se buscar o maior aproveitamento possível de um bem, percebe-se que uma das serventias que pode ser extraída da economia de compartilhamento é o atendimento à função social do bem. Ou seja, por meio dela, maximiza-se o acesso a bens e a serviços e evita-se a ociosidade.

Neste contexto, destaca-se que a quantidade de imóveis e terrenos públicos ociosos na cidade do Rio de Janeiro, isto é, que não atendem a qualquer função social, é estarrecedora. A título de exemplo, em levantamento realizado em julho de 2018 pela Agência Pública a partir de dados públicos da Superintendência do Patrimônio da União no Rio de Janeiro, apurou-se que 10.304 imóveis da União estão desocupados, sendo que outras 16 mil propriedades não possuem informação se estão ou não ocupadas.

Diante deste cenário, percebe-se que a Economia de Compartilhamento apresenta-se como uma possível alternativa para se alcançar a consagração da função social dos bens públicos, em especial, dos imóveis públicos atualmente ociosos ou materialmente desafetados, configurando-se a hipótese do presente trabalho.

Neste contexto, a discussão acerca da aplicabilidade da economia de compartilhamento aos bens públicos ociosos ou materialmente desafetados como meio de solução à vedação da usucapião figura como objeto da pesquisa. Em um primeiro momento, tendo em vista as controvérsias que giram em torno do termo e do conceito de economia de compartilhamento, pretende-se traçar um panorama histórico-conceitual do fenômeno.

Posteriormente, objetiva-se averiguar se a economia de compartilhamento é aplicável aos bens públicos. Neste ponto, em sendo o Estado proprietário de bens que não consegue funcionalizar, pretende-se discutir se a economia compartilhada aplicada aos bens públicos garante que o uso deles atenda a coletividade.

Por fim, tendo em vista que a vedação à aquisição de bem público por meio de ação de usucapião é um preceito advindo da Constituição Federal Brasileira, buscar-se-á abordar possibilidades de a economia de compartilhamento contribuir para a utilização de prédios públicos desocupados no processo de revitalização dos centros urbanos, em especial, na cidade do Rio de Janeiro.

REFERÊNCIA BIBLIOGRÁFICA

ARAGÃO, Alexandre dos Santos. **Direito dos Serviços Públicos**. Rio de Janeiro: Forense, 2013.

CHENG, Mingming. **Sharing economy: A review and agenda for future research**. International Journal of Hospitality Management. Volume 57, p. 60-70.

ESTIVILL, Jordi. **Espacios públicos y privados: Construyendo diálogos en torno a la Economía solidaria**. Revista Crítica de Ciências Sociais. n. 84, 2009.

FREITAS FILHO, Roberto; PEREIRA, Flora Regina. **A eficácia da função social na propriedade pública**. Universitas JUS, v. 27, n. 2, p. 43-56, 2016. Disponível em: https://www.publicacoesacademicas.uniceub.br/jus/article/viewFile/430 9/3268. Acesso em 10 de outubro de 2018.

LOMEU, Gustavo Soares. **A função social da propriedade pública e a desafetação de bem público**. Revista de Direito Urbanístico, Cidade e Alteridade, v. 2, n. 1, 2016.

MARTIN, Chris J. **The sharing economy: A pathway to sustainability or a nightmarish form of neoliberal capitalism?** Ecological Economics, Volume 121, p. 149-159

NADLER, Samuel. **The sharing economy : what is it and where is it going?** Massachusetts Institute of Technology, 2014.

SCHOR, Juliet. **Debating the sharing economy.** In: Jornal of Selfie-Governance and Management Economics, v. 4, n. 3. Addleton Academic Publishers: 2016.

SOUZA, Carlos Affonso Pereira de. LEMOS, Ronaldo. **Aspectos Jurídicos da Economia do Compartilhamento: Função Social e Tutela da Confiança.** Revista de Direito da Cidade, 2016, vol. 08, n° 4, p. 1757- 1777.

TORRES, Marcos Alcino de Azevedo. A **propriedade e a posse: um confronto em torno da função social.** Rio de Janeiro: Lumen Juris, 2007.

EXTERNALIDADES AMBIENTAIS NAS CONTRATAÇÕES PÚBLICAS DO TIPO MENOR PREÇO: O CUSTO SOCIAL COMO FATOR DETERMINANTE PARA CONTRATAÇÃO DE TERCEIROS

Mariana Campos de Carvalho[71]

RESUMO: Atualmente, o custo indicado pelos participantes de uma licitação são aqueles incorridos apenas pelo produtor, desconsiderando-se as externalidades (positivas e negativas) geradas por determinado serviço. Com efeito, esses impactos também geram custos, os quais são incorporados pela Administração Pública, em vez de serem internalizados pelos próprios produtores. Diante desse cenário, a dissertação tem como objeto o questionamento sobre a ineficiência do atual modelo jurídico de contratação pública de um serviço, sobretudo aquela do tipo menor preço, quando da análise dos valores apresentados pelos participantes do certame. No intuito de solucionar tal impasse, expõe-se a seguinte alternativa: a determinação de parâmetros de valoração dos custos sociais decorrentes da execução do serviço contratado pelo Poder Público para que seja possível a aferição do custo total (aqui considerado como custo de produção adicionado do custo

---

[71] Mestranda em Direito da Cidade na UERJ, pós-graduada em Direito Ambiental Brasileiro pela PUC-Rio, assistente acadêmica de pesquisa na FGV Direito Rio, advogada do Binenbojm & Carvalho Britto Advocacia.

social), atribuindo a devida responsabilidade aos produtores de externalidades ambientais.

ABSTRACT: Nowadays, the cost submitted by the participants of a bid is the one incurred only by the producer, disregarding its externalities (positive and negative) generated by a particular service. Actually, these impacts also generate costs, which are incorporated by the Government instead of being internalized into the producer's costs. In this matter, the master's dissertation concerns the inefficiency of the current legal model of public procurement, especially the lower price type, regarding the values presented by the contest participants. In order to solve this deadlock, the following alternative is proposed: the use of social costs parameters in public procurement of services contracted by the Government so that it is possible to measure the total cost (producer costs and social costs), assigning producers the liability of environmental externalities.

PALAVRAS-CHAVES: Externalidade ambiental, custo social, contratação pública.

KEYWORDS: Environmental externalities, social costs, public procurement.

Por razões que desafiam a teoria clássica do Direito, específicas ao bem objeto da tutela do Direito Ambiental, a garantia da eficácia das normas de conservação e preservação dos bens, recursos e serviços ambientais passou a exigir conhecimentos multidisciplinares para além do restrito campo da ciência jurídica. A solução para os problemas enfrentados por essa sociedade complexa exige mais do que a capacidade argumentativa a partir de técnicas de análise de leis e casos. Ela requer soluções de várias áreas do conhecimento científico, como os das ciências econômica, estatística, financeira, biológicas, política, dentre outras.

Especificamente no que tange ao Direito Ambiental, desequilíbrios na distribuição do ônus regulatório e da socialização dos prejuízos causados pela externalidade negativa desafiam a eficácia dos sistemas clássicos de comando e controle. A esses fatores agregam-se também as especificidades do objeto da tutela como, por exemplo, a dificuldade de caracterização do dano no espaço. Isso porque o dano ambiental não é limitado às fronteiras de um determinado empreendimento.

Tendo em vista a repercussão social desses danos, a dificuldade na aferição de critérios claros e objetivos de valoração dos bens, recursos e serviços ambientais impacta diretamente na formulação de políticas públicas, produzindo, com isso, reflexos inevitáveis no sistema geral de governança em matéria de meio ambiente. Políticas públicas essas que são custeadas com verbas públicas, oriunda de impostos e taxas suportados pela própria sociedade.

Diante desse contexto, a dissertação possui como tema a relevância do custo social nas análises de preço das contratações públicas. Atualmente, o custo indicado pelos participantes de uma licitação são aqueles incorridos apenas pelo produtor, desconsiderando-

195

se as externalidades (positivas e negativas) geradas por determinado produto ou serviço. Com efeito, esses impactos também geram custos, os quais são absorvidos pela sociedade, em vez de serem internalizados pelos próprios produtores.

Daí reside a seguinte preocupação: para um exame robusto dos custos de uma contratação financiada com dinheiro público, sobretudo quando se pretende buscar o menor preço, deve-se atentar – para além dos custos do produtor – aos *custos sociais*. Esses custos são, hoje, incorporados pela Administração Pública. Por tal razão, devem ser considerados quando da apuração dos valores apresentados pelos particulares interessados em firmar contratos administrativos.

Nesses custos estão inseridos aqueles administrativos – quais sejam, os custos de desenvolvimento de uma política voltada ao meio ambiente, à saúde ou à informação – e aqueles referentes a medidas públicas – aqueles voltados a medidas de prevenção e reparação de danos, bem como de indenização a eventuais vítimas da atividade desenvolvida. Esses gastos deveriam ser suportados pelo poluidor (por força do princípio do poluidor-pagador), mas o Estado tem os substituído na adoção de tais medidas, sem que este financiamento seja considerado quando da avaliação das propostas apresentadas.

A análise econômica do Direito, contudo, aponta para esse caminho: as repercussões externas devem ser valoradas no preço final apresentado pelos particulares que pretendem celebrar contratos com a Administração Pública. Atualmente, as externalidades não são analisadas no bojo das contratações públicas, o que se traduz em perdas para a sociedade (seja pela degradação ambiental que não é reparada, seja pelo esforço financeiro do Estado para suportar políticas públicas voltadas à saúde, educação e segurança ambiental).

É inegável que tanto os estudos econômicos quanto os ambientais compartilham, primordialmente, o mesmo objetivo: a garantia do bem-estar individual e coletivo da população[72]. No entanto, a análise econômica aplicada ao Direito Ambiental traz questionamentos ligados à eficiência da legislação para atingir o objetivo pretendido, e à eficiência dos incentivos (por exemplo: isenções, penalidades) para induzir a empresa a adotar determinado comportamento desejável[73].

Mais que isso: deve-se promover a eficácia das garantias legais, *in casu*, aquelas decorrentes da proteção do meio ambiente. Para tanto, o Estado deve criar incentivos para que os agentes adotem os comportamentos normativos desejáveis – ou seja, para que não haja descompasso entre as garantias asseguradas mediante previsões legais, sobretudo aquelas constitucionais, e a capacidade de concretização daquilo que está assegurado.

No que tange à aplicação da análise econômica às questões atinentes a este trabalho, tem-se que a atribuição de responsabilidade é

---

[72] GUARESCHI, Charlene Quevedo. **Análise econômica do direito ambiental e o princípio do desenvolvimento sustentável**. Anais do 2º Fórum Internacional ECOINOVAR. Set./2013. p. 01.

[73] PEIXOTO, Gabriela C. C. C. **Análise econômica do direito ambiental: aplicação das teorias de Pigou e Coase**. Revista Direito e Liberdade. v. 15, n. 3, p. 31-48, set./dez. 2013.

vista como uma técnica de incorporação das chamadas externalidades ambientais criadas por custos de transação elevados, o que se faz sob a sombra do princípio do poluidor-pagador[74]. Tal princípio, que constitui o fundamento primário da responsabilidade em matéria civil-ambiental[75], está vinculado à lógica econômica na medida em que as empresas que se utilizam de recursos naturais devem suportar os custos resultantes de sua poluição[76]. Com efeito, o modelo de alocação de responsabilidades será desejável – em termos econômicos de eficiência – se ele for capaz de propiciar os incentivos necessários aos agentes para que adotem as condutas pretendidas pelo formulador da política. Em termos ambientais, pode-se utilizar como exemplo a postura de precaução.

Nesse contexto, a dissertação tem como objeto o questionamento sobre a ineficiência do atual modelo jurídico de contratação pública, sobretudo aquela do tipo menor preço, quando da análise dos valores apresentados pelos participantes do certame. No intuito de solucionar tal impasse, expõe-se a seguinte alternativa: a determinação de parâmetros de valoração dos custos sociais decorrentes da execução do serviço adquirido pelo Poder Público para que seja possível a aferição do **custo total** (aqui considerado como custo de

---

[74] BENJAMIN, Antonio Herman. **Responsabilidade Civil pelo Dano Ambiental**. in MILARÉ, Édis; MACHADO, Paulo Affonso Leme. Doutrinas Essenciais: Direito Ambiental, vol. IV – Tutela Ambiental. São Paulo: Revista dos Tribunais, 2011, p. 90.

[75] MILARÉ, Édis. **Direito do Ambiente: a gestão ambiental em foco**. 5ª ed. São Paulo: Revista dos Tribunais, 2007, p. 899.

[76] GOLÇAVES, Jessica. **Análise econômica dos princípios do poluidor pagador e usuário pagador**. Revista a ESMESC, v. 21, n. 27, 2014. p. 369/371.

produção adicionado do custo social), atribuindo a devida responsabilidade aos produtores de externalidades ambientais.

Para tanto, inicialmente são definidos, com base em conceitos econômicos, os custos privados e os custos sociais (em conjunto, denominados custos econômicos), bem como seus impactos na sociedade e no meio ambiente (denominados neste trabalho de externalidades ambientais). Em seguida, faz-se análise econômica das externalidades ambientais resultantes da oferta de produtos e serviços à Administração Pública, com base nos princípios do poluidor-pagador. Assim, as propostas econômicas submetidas à apreciação da Administração Pública no bojo de licitações só seriam adequadas se computassem no preço os ganhos e perdas sociais com a produção de determinado bem ou serviço, além – por óbvio – dos custos oriundos de sua produção.

Caso assim não fosse, o produtor (no caso, Proponente), oferecerá um serviço que não será por todos utilizado, mas cujo custo será por todos suportado – incluindo, nessa lista, aqueles cidadãos que não consumiram referido bem ou serviço. É dizer: ao não internalizar todos os custos, inclusive aqueles sociais, está-se diante de um cenário de enriquecimento produtor às custas de uma externalidade negativa suportado pela sociedade e custeada pelo Poder Público. Para explicar tal fenômeno, faz-se uso das expressões "privatização de lucros" e "socialização das perdas".

Uma vez esclarecidos os impactos da análise econômica aplicada no Direito Ambiental, são tecidos comentários acerca da contratação pública no Brasil, com foco na Lei n° 8.666/1993. Em seguida, é aprofundada a análise da contratação pública do tipo menor preço, *i.e.*, aquela cujo critério de seleção é o da proposta mais vantajosa para a Administração Pública, em termos de menor preço. Esse tipo de licitação é o mais comum, utilizado para compras e serviços de modo geral.

Em seguida, faz-se a introdução da racionalidade econômica nas contratações públicas no Brasil. Em um primeiro momento, é exposto o papel central que o custo do produtor desempenha, hoje, no julgamento das propostas apresentadas em licitações do tipo menor preço. Com efeito, a Lei n° 8.666/1993 não traz respostas a essa questão do custo social, limitando-se a estabelecer que a licitação se destina a promover, também, o desenvolvimento nacional sustentável (cf. art. 3°). O discurso jurídico-normativista, portanto, não é capaz de apresentar uma solução eficiente para o julgamento das propostas econômicas por considerar, na prática, tão somente o custo do produtor nas análises para contratação com terceiros.

Diante disso, a gestão das externalidades ambientais nas licitações do tipo menor preço deve ser reformulada de modo que o custo social seja um fator determinante para a contratação de terceiros. Para tanto, sugere-se que o ato convocatório indique o método de valoração econômica das externalidades ambientais mais adequado ao objeto da licitação para que os proponentes possam refletir na proposta econômica apresentada ao Poder Público os custos sociais decorrentes da execução do serviço, para além dos custos de produção normalmente já exibidos.

REFERÊNCIA BIBLIOGRÁFICA

ABRAHAM, Kenneth S. **The Forms and Functions of Tort Law**. 2. ed. New York: FoundationPress, 2002.

ANTUNES, Paulo de Bessa. **Dano ambiental: uma abordagem conceitual**. Rio de Janeiro: Lumen Juris, 2000.

ARAGÃO, Maria Alexandra de Souza. **O Princípio do Nível Elevado de Protecção e Renovação Ecológica do Direito do Ambiente e dos Resíduos**. Coimbra: Almedina, 2006.

ARAÚJO, Thiago Cardoso. **Análise Econômica do Direito no Brasil**. Rio de Janeiro: Lumen Juris, 2016.

ÁVILA, Humberto. **Teoria dos Princípios: da definição à aplicação dos princípios jurídicos**. São Paulo: Malheiros, 2007.

BARACHO JUNIOR, José Alfredo de O. **Responsabilidade Civil por Dano ao Meio Ambiente**. Belo Horizonte: Del Rey, 2000.

BARROSO, Luís Roberto. **Interpretação e aplicação da Constituição: fundamento de uma dogmática constitucional transformadora**. São Paulo: Saraiva, 1996.

BECK, Ulrich. **Incertezas fabricadas: entrevista com Ulrich Beck.** *IHU online*. Disponível em: <www.unisinos.br/ihu>. Acesso em: 22.05.2017.

BENJAMIN, Antonio Herman. **Responsabilidade Civil pelo Dano Ambiental.** in MILARÉ, Édis; MACHADO, Paulo Affonso Leme. Doutrinas Essenciais: Direito Ambiental, vol. IV – Tutela Ambiental. São Paulo: Revista dos Tribunais, 2011.

BENNETT Moses, Lyria, **How to Think About Law, Regulation and Technology: Problems with 'Technology' as a Regulatory Target** (2013). (2013) 5(1) Law, Innovation and Technology 1-20; UNSW Law Research Paper No. 2014-30. Disponível em: http://ssrn.com/abstract=2464750

CAFAGGI, Fabrizio. **Los Nuevos Fundamentos De La Regulación Privada Transnacional** (New Foundations of Transnational Private Regulation) (July 2, 2014). Revista de Derecho Privado, No. 26, 2014. Disponível em: http://ssrn.com/abstract=2461872

CALSAMIGLIA, Albert. **Eficiencia y Derecho**. *Doxa, Cuadernos de Filosofia del Derecho*, 1987, vol. 4.

CARRIGAN, Christopher; COGLIANESE, Cary. **Capturing Regulatory Reality**: Stigler's The Theory of Economic Regulation (July 4, 2016). U of Penn, Inst for Law & Econ Research Paper No. 16-15. Disponível em: https://ssrn.com/abstract=2805153

CARVALHO, Délton Winter de. **Sistema Constitucional Brasileiro de gerenciamento dos Riscos Ambientais.** n MILARÉ, Édis; MACHADO, Paulo Affonso Leme. Doutrinas Essenciais: Direito Ambiental, vol. I – Fundamentos do Direito Ambiental. São Paulo: Revista dos Tribunais, 2011.

CASTRO, Clarice R; REZENDE, Élcio N. **Uma análise crítica sobre a responsabilidade civil por dano ambiental nos Estados Unidos da América.** RVMD, Brasília, v. 9, n. 2, jul./dez. 2015.

CHEN, J.; CHO, C.; PATTEN, D. **Initiating Disclosure of Environmental Liability Information: An Empirical Analysis of Firm Choice.** Journal of Business Ethics, v. 125, n. 4, 22 dez. 2014.

COASE, Ronald. **The nature of the firm.** Economica, New Series, Vol. 4, No. 16. Nov. 1937.

COLLINS, Hugh. **Regulating Contracts.** 2ª. ed. Oxford: Oxford University Press, 1995.

COOTER, Robert; ULEN, Thomas. **Direito & Economia.** Porto Alegre. Brokman Companhia Editora. 5ª ed., 2010.

CORTEZ, Nathan. **Regulating disruptive innovation**. Berkeley Technology Law Journal, Berkeley, n. 29, 2014.

DE GIORGI, Raffaele. **Direito, tempo e memória**. São Paulo: Quartin Latin, 2006.

DERANI, Cristiane. **Direito Ambiental Econômico**. 4ª ed. São Paulo: Saraiva, 2009.

ENDRES, Alfred; FRIEHE, Tim; RUNDSHAGEN, Bianca. **Environmental liability law and R&D subsidies: results on the screening of firms and the use of uniform policy**. Environmental Economics & Policy Studies, v. 17, n. 4.

ESTADOS UNIDOS. **Comprehensive Environmental Response, Compensation and Liability Act**. Disponível em: <https://www.epa.gov /enforcement/comprehensive-environmental-response-compensation-and-liability-act-cercla-and-federal>. Acesso em 20.11.2017.

FISHER, Elizabeth. **General Conclusions: risk and challenges for Administrative Law**. Revista Europeia de Direito Público: *Risk and Public Law*, 2003, v. 15.

FURTADO, Lucas Rocha. **Curso de Direito Administrativo**. Belo Horizonte: Fórum, 2012. 3ª edição.

GOLÇAVES, Jessica. **Análise econômica dos princípios do poluidor pagador e usuário pagador.** Revista a ESMESC, v. 21, n. 27, 2014.

GRAU, Eros Roberto. **A Ordem Econômica na Constituição de 1988,** 1997.

GUARESCHI, Charlene Quevedo. **Análise econômica do direito ambiental e o princípio do desenvolvimento sustentável.** Anais do 2º Fórum Internacional ECOINOVAR. Set./2013.

GUTWIRTH, Serge; DE HERT, Paul; DE SUTTER, Laurent. **The trouble with technology regulation from a legal perspective. Why Lessig's 'optimal mix' will not work.** Oxford regulating technologies. Legal futures, regulatory frames and technological fixes. 2008. Disponível em: http://works.bepress.com/serge_gutwirth/1/

HAMMERSHMIDT, Denise. **O risco na sociedade contemporânea e o princípio da precaução no Direito Ambiental.** in MILARÉ, Édis; MACHADO, Paulo Affonso Leme. Doutrinas Essenciais: Direito Ambiental, vol. I – Fundamentos do Direito Ambiental. São Paulo: Revista dos Tribunais, 2011.

HEINZERLING, Lisa; ACKERMAN, Frank. **Pricing the priceless: cost-benefit analysis of environmental protection.** Georgetown University Law Center. Washington, D.C. 2002.

JUNIOR, Marcos Vinícios Wink, SHENG, Hsia Hua; JUNIOR, William Eid. **Custos de transação: uma análise empírica da sua relação com investimento e investimento direto estrangeiro.** RAE - Revista de Administração de Empresas, vol. 51, n. 2, mar-abr 2011.

LEITE, José Rubens Morato. **Dano Ambiental**, p. 107-108. FUENZALIDA, Rafael Valenzuela. **Responsabilidade Civil**, p.21. Apud MILARÉ, Édis. Direito do Ambiente: a gestão ambiental em foco. 5ª ed. São Paulo: Revista dos Tribunais, 2007.

LEONHARDT, Roberta D. **Novidades no *compliance* ambiental no Brasil**. Disponível em: <http://www.migalhas.com.br/dePeso/16,MI225176,31047-Novidades+no+ compliance+ambiental+no+Brasil>. Acesso em 28.11.2017.

LYNSKEY, Orla, **Regulating 'Platform Power'** (February 21, 2017). LSE Legal Studies Working Paper No. 1/2017. Disponível em: https://ssrn.com/abstract=2921021 or http://dx.doi.org/10.2139/ssrn.2921021

MACHADO, Paulo Affonso Leme. **O princípio da precaução e a avaliação de riscos**. in MILARÉ, Édis; MACHADO, Paulo Affonso Leme. Doutrinas Essenciais: Direito Ambiental, vol. I – Fundamentos do Direito Ambiental. São Paulo: Revista dos Tribunais, 2011.

MAJONE, Giandomenico. **Foundations of Risk Regulation: Science, Decision-Making, Policy Learning and Institutional Reform**. In:

MAJONE, Giandomenico (ed.). *Risk regulation in the European Union: Between Enlargement and Internationalization*. 2003 Robert Schuman Centre for Advanced Studies; and selection and editorial matter. Disponível em: ttp://cadmus.eui.eu/bitstream/handle/1814/2521/RiskRegulation_Majon e.pdf

MANKIW, N. Gregory. **Introdução à Economia**. Tradução de Allan Vidigal Hastings, Elisabete Paes e Lima; revisão técnica de Carlos Roberto Martins Passos, Manuel José Nunes Pinto. São Paulo: Cengage Learning, 2009.

MANZI, Vanessa A.; COIMBRA, Marcelo de Aguiar. (Organizadores). **Manual de Compliance: preservando a boa governança e a integridade das organizações**. São Paulo: Atlas, 2010.

MARCIANO, Alain; RAMELLO, Giovanni B. **Consent, Choice, and Guido Calabresi's Heterodox Economic Analysis of Law**, 77 Law & Contemp. Probs. 97 (2014).

MERCURO, Nicholas; MEDEMA, Steven G. **Economics and the Law: From Posner to Postmodernism and Beyond**. 2.ed. Princeton: Princeton University Press, 2006.

MILARÉ, Édis; SETZER, Joana. **Princípios Fundamentais do Direito do Ambiente**. in MILARÉ, Édis; MACHADO, Paulo Affonso Leme.

Doutrinas Essenciais: Direito Ambiental, vol. I – Fundamentos do Direito Ambiental. São Paulo: Revista dos Tribunais, 2011.

MILARÉ, Édis. **Direito do Ambiente: a gestão ambiental em foco.** 5ª ed. São Paulo: Revista dos Tribunais, 2007.

MOREIRA NETO, Diogo de Figueiredo. **Curso de Direito Administrativo.** Rio de Janeiro: Editora Forense, 2009. 15ª edição.

MOTA, Maurício. **Princípio da Precaução no Direito Ambiental: uma construção a partir da razoabilidade e da proporcionalidade.** in MILARÉ, Édis; MACHADO, Paulo Affonso Leme. Doutrinas Essenciais: Direito Ambiental, vol. IV – Tutela Ambiental. São Paulo: Revista dos Tribunais, 2011.

_____. **Função social do Direito Ambiental.** Rio de Janeiro: Ed. Campus, 2009.

_____. **Fundamentos teóricos do Direito Ambiental.** Rio de Janeiro: Ed. Campus, 2008.

MUKAI, Toshio. **A Administração Pública em face da responsabilidade ambiental.** Revista Direito Administrativo, Rio de Janeiro, v. 220, abr./jun. 2000.

OGUS, Anthony. **Regulation: Legal Form and Economic Theory.** Portland: Hart Publishing, 2004.

ORLANDO, E. **From Domestic to Global? Recent Trends in Environmental Liability from a Multi-level and Comparative Law Perspective.** Review of European Comparative & International Environmental Law, v. 24, n. 3, nov. 2015.

OWEN, David G. **Products Liability Law.** St Paul: Thomson West, 2005.

PASQUALOTTO, Adalberto. **Responsabilidade civil por dano ambiental: considerações de ordem material e processual.** Dano ambiental: prevenção, reparação e repressão, p; 454. Apud MILARÉ, Édis. Direito do Ambiente: a gestão ambiental em foco. 5ª ed. São Paulo: Revista dos Tribunais, 2007.

PEIXOTO, Gabriela C. C. C. **Análise econômica do direito ambiental: aplicação das teorias de Pigou e Coase.** Revista Direito e Liberdade. v. 15, n. 3, p. 31-48, set./dez. 2013.

PEREIRA, Caio Mário da Silva. **Responsabilidade Civil.** Rio de Janeiro: Forense, 2000.

PEREIRA, Jane Reis Gonçalves. **Direitos Fundamentais e Interpretação Constitucional.** Tese de doutorado defendida em 2004 na UERJ.

POSNER, Eric A., **Economic Analysis of Contract Law after Three Decades: Success or Failure?** (March 1, 2002). U Chicago Law &

Economics, Olin Working Paper No. 146. Disponível em: http://ssrn.com/abstract=304977

POSNER, Richard. **Gary Becker's Contributions to Law and Economics**. *The Journal of Legal Studies*, Vol. 22, No. 2 (Jun., 1993), http://www.jstor.org/stable/3085580

PRADO, Luiz Regis. **A tutela constitucional do Ambiente no Brasil.** in MILARÉ, Édis; MACHADO, Paulo Affonso Leme. Doutrinas Essenciais: Direito Ambiental, vol. IV – Tutela Ambiental. São Paulo: Revista dos Tribunais, 2011.

RAGAZZO, Carlos Emmanuel Joppert. **Regulação jurídica, racionalidade econômica e saneamento básico**. Rio de Janeiro: Renovar, 2011. 1ª edição.

RANCHORDAS, Sofia, **Innovation-Friendly Regulation**: The Sunset of Regulation, the Sunrise of Innovation (November 1, 2014). Jurimetrics, Vol. 55, No. 2, 2015 Forthcoming. Disponível em: https://ssrn.com/abstract=2544291 or http://dx.doi.org/10.2139/ssrn.2544291

RESENDE, Antonio José Calhau. **O princípio da Razoabilidade dos Atos do Poder Público**. Revista do Legislativo. Abril, 2009.

RIBEIRO, G.; INÁCIO JR.. **Mensurando o mercado de compras governamentais brasileiro**. Cadernos de Finanças Públicas, 2014.

RIBEIRO, Joaquim de Sousa. **Direito dos Contratos – Estudos.**
Coimbra: Almedina, 2007.

ROCHA, Maria Isabel de Matos. **Reparação de Danos Ambientais.** in
MILARÉ, Édis; MACHADO, Paulo Affonso Leme. Doutrinas
Essenciais: Direito Ambiental, vol. I – Fundamentos do Direito
Ambiental. São Paulo: Revista dos Tribunais, 2011.

SALAMA, Bruno Meyerhof. **O que é Direito e Economia?** Disponível
na internet em:
http://revistas.unifacs.br/index.php/redu/article/viewFile/2793/2033

SARLET, Ingo Wolfgang; FENSTERSEIFER, Tiago. **O papel do
Poder Judiciário Brasileiro na tutela e efetivação dos direitos e
deveres socioambientais.** in MILARÉ, Édis; MACHADO, Paulo
Affonso Leme. Doutrinas Essenciais: Direito Ambiental, vol. I –
Fundamentos do Direito Ambiental. São Paulo: Revista dos Tribunais,
2011.

SILVA, Luís V. A. da. **O proporcional e o razoável.** RT798. São
Paulo: Revistados Tribunais, 2002, p. 23-50. Apud MACHADO, Paulo
Affonso Leme. O princípio da precaução e a avaliação de riscos. in
MILARÉ, Édis; MACHADO, Paulo Affonso Leme. Doutrinas
Essenciais: Direito Ambiental, vol. I – Fundamentos do Direito
Ambiental. São Paulo: Revista dos Tribunais, 2011.

STEIGLEDER, Annelise Monteiro. **Considerações sobre o nexo de causalidade na Responsabilidade civil por dano ao Meio Ambiente.** in MILARÉ, Édis; MACHADO, Paulo Affonso Leme. Doutrinas Essenciais: Direito Ambiental, vol. V – Responsabilidade em Matéria Ambiental. São Paulo: Revista dos Tribunais, 2011.

STEMLER, Abbey, **Regulation 2.0: The Marriage of New Governance and Lex Informatica** (March 10, 2016). Vanderbilt Journal of Entertainment & Technology Law, Vol. 19, No. 1, 2017; Kelley School of Business Research Paper No. 16-25. Disponível em: https://ssrn.com/abstract=2746229

SUPERIOR TRIBUNAL DE JUSTIÇA, AgRg no AREsp 206.748/SP, Rel. Ministro Ricardo Villas Bôas Cueva, Terceira Turma, julgado em 21.02.2013, DJe 27.02.2013.

_____. AgRg no AREsp 71.324/PR, Rel. Ministro Antonio Carlos Ferreira, Quarta Turma, julgado em 26.02.2013, DJe 05.03.2013.

_____. AgRg no REsp 1277638/SC, Rel. Ministro Humberto Martins, Segunda Turma, j. 07.05.2013, DJe 16.05.2013.

_____. REsp 1071741/SP, Rel. Ministro Herman Benjamin, Segunda Turma, julgado em 24.03.2009, DJe 16.12.2010.

_____. REsp 1090968/SP, Rel. Ministro Luiz Fux, Primeira Turma, julgado em 15.06.2010, DJe 03.08.2010.

_____. REsp 1114398/PR, Rel. Ministro Sidnei Beneti, Segunda Seção, julgado em 08.02.2012, DJe 16.02.2012.

_____. REsp 1137314/MG, Rel. Ministro Herman Benjamin, Segunda Turma, julgado em 17.11.2009, DJe 04.05.2011.

_____. REsp 1140549/MG, Rel. Ministra Eliana Calmon, Segunda Turma, j. 06/04/2010, DJe 14/04/2010.

_____. REsp 1346430/PR, Rel. Ministro Luis Felipe Salomão, Quarta Turma, julgado em 18.10.2012, DJe 21.11.2012.

_____. REsp 1374284/MG, Rel. Ministro Luis Felipe Salomão, Segunda Seção, julgado em 27.08.2014, DJe 05.09.2014.

_____. REsp 1602106/PR, Rel. Ministro Ricardo Villas Bôas Cueva, Segunda Seção, julgado em 25.10.2017, DJe 22.11.2017.

_____. REsp 214714/PR, Rel. Ministro Garcia Vieira, Primeira Turma, j. 17/08/1999, DJ 27/09/1999.

_____. REsp 578.797/RS, Rel. Ministro Luiz Fux, Primeira Turma, julgado em 05.08.2004, DJ 20.09.2004.

_____. REsp 620.872/DF, Rel. Ministra Denise Arruda, Primeira Turma, julgado em 12.12.2006, DJ 01.02.2007.

_____. REsp 650.728/SC, Rel. Ministro Herman Benjamin, Segunda Turma, julgado em 23.10.2007, DJe 02.12.2009.

_____. REsp 876.931/RJ, Rel. Ministro Mauro Campbell Marques, Segunda Turma, julgado em 10.08.2010, DJe 10.09.2010.

SUNSTEIN, Cass R. **Laws of fear: beyond the precautionary principle**. Cambridge: Cambridge University Press, 2005.

_____. **Risk and Reason: Safety, Law, and the Environment**. Cambridge: Cambridge University Press, 2002.

TOSTES, André. **Legislação ambiental: Da responsabilidade objetiva à responsabilidade superlativa**. Editora FGV e Editora Fórum, 2015.

TOWFIGH, Emanuel Towfigh; PETERSEN Niels. **Economic methods and legal reasoning**. *In*: TOWFIGH, Emanuel Towfigh; PETERSEN Niels. *Economic Method for Lawyers*. Edward Elgar: Cheltenham, 2015. Disponível em: http://www.elgaronline.com/view/9781783471669.00006.xml

U.S. Government's Environmental Liability. **GAO Reports**, 15 fev. 2017.

VANBERG, Viktor J.. **Mercados y Regulación**: El Contraste entre el Liberalismo de Mercado y el Liberalismo Constitucional. *Isonomía,* vol. 17, Out. 2002.

WANG, Ning. **Measuring Transaction Costs: An Incomplete Survey**. February 2003, Ronald Coase Institute Working Papers, Number 2.

WANSLEY, Matthew, **Regulation of Emerging Risks** (August 17, 2015). Vanderbilt Law Review, Forthcoming; Harvard Public Law Working Paper No. 15-17. Disponível em: http://ssrn.com/abstract=2646316

WERBACH, Kevin. **How to regulate innovation without killing it**. Disponível em: http://knowledge.wharton.upenn.edu/article/how-to-regulate-innovation-without-killing-it/

WIENER, Jonathan B., **Whose Precaution after All? A Comment on the Comparison and Evolution of Risk Regulatory Systems.** Duke Journal of Comparative & International Law, Vol. 13, No. 3, p. 207, Summer 2003. Disponível em: https://ssrn.com/abstract=460262 or http://dx.doi.org/10.2139/ssrn.460262

WINKLER, Viktor. **Some Realism about Rationalism**: Economic Analysis of Law in Germany, 6 German L.J. 1033 (2005).

YEUNG, Karen, **Algorithmic Regulation: A Critical Interrogation** (May 23, 2017). TLI Think! Paper 62/2017; Regulation & Governance, Forthcoming; King's College London Law School Research Paper No. 2017-27. Disponível em: https://ssrn.com/abstract=2972505

ZAGREBELSKY, Gustavo. **"Su Tre Aspetti della Ragionevolezza"**. In: Il Principio di Ragionevolezza nella Giurisprudenza della Corte Costituzionale. Milano: Giuffrè Editore, 1994.

AS REGIÕES METROPOLITANAS NO FEDERALISMO COOPERATIVO BRASILEIRO E A POSSIBILIDADE DE POLÍTICAS PÚBLICAS URBANAS REGIONAIS: O PROBLEMA DA SITUAÇÃO DE CARÊNCIA DA REGIÃO METROPOLITANA DO RJ

Natalia Costa Polastri Lima[77]

PALAVRAS-CHAVES: Federalismo Cooperativo; Regiões Metropolitanas; Direito Urbanístico; Políticas Públicas Urbanas.

RESUMO: O presente trabalho tem como objeto o federalismo cooperativo brasileiro no que tange ao papel de proeminência dos municípios e das regiões metropolitanas em matéria de direito urbanístico. O estudo em questão mostra-se rico para se buscar o aprimoramento do sistema federativo brasileiro e da implementação das políticas urbanas, num contexto em que os municípios – dotados de competência constitucional para implementação de políticas urbanas – enfrentam, muitas vezes, dificuldades para concretizá-las, como vem

[77] Bacharel em Direito pela Universidade Federal Fluminense (UFF). Advogada no Rio de Janeiro. Pesquisadora no Laboratório de Pesquisa de Jurisdição Constitucional Brasileira da Universidade Federal Rural do Rio de Janeiro (UFRRJ) e no Observatório de Direito Administrativo da Universidade Federal Rural do Rio de Janeiro (UFRRJ). Participante no Grupo de Pesquisa de Teorias Constitucionais Contemporâneas da Universidade Federal Fluminense (UFF) e no Laboratório de Estudos de Direito Administrativo Comparado da Universidade Federal Fluminense (UFF). Membro do corpo editorial da Revista de Direito da Administração Pública (REDAP) e da Revista de Direito Público Contemporâneo (RDPC).

ocorrendo na região metropolitana do Rio de Janeiro. Adota-se como hipótese que a situação de carência vivida na referida região foi gerada, sobretudo, pela deficiência nas políticas públicas urbanas de habitação, segurança, mobilidade, saneamento, meio-ambiente, dentre outras, necessárias à um direito à moradia e um direito à cidade dignos, necessários ao pleno exercício da dignidade da pessoa humana. Como solução, enxerga-se não apenas o Plano Estratégico Metropolitano elaborado de forma participativa e já entregue pelo governo, mas a instituição de um espaço deliberativo, propício ao debate político interfederativo da região metropolitana, onde se é possível discutir a implementação de políticas públicas uniformes no que tange ao interesse comum dos municípios. Parte-se, no item 1, de uma análise conceitual, na qual será utilizada a categoria "federalismo" – abordada em sua definição e breve evolução histórica -, sob a base teórica do federalismo cooperativo, de Grodzins e Elazar, bem como uma observância do modo de repartição de competências estabelecido na Constituição de 88. Destaca-se que esta foi, especialmente, detalhista ao repartir as competências entre os níveis de governo, restando nítida a adoção pelo constituinte de atribuição de responsabilidade comum aos três níveis pela prestação de grande parte dos serviços públicos, inserindo-se, nisso, a opção pelo federalismo cooperativo na Constituição Federal. Em seguida, no item 2, há o enfoque no município e na sua elevação a ente da federação, com as respectivas competências assumidas em matéria urbanística. O constituinte deu ao município a responsabilidade pela política urbana – que "tem por objetivo ordenar o pleno desenvolvimento das funções sociais da cidade e garantir o bem- estar de seus habitantes" - alargando as suas atribuições e isso num momento[78] em que ocorria ampliação do rol de direitos sociais e da descentralização da implantação de políticas sociais, o que permitiria maior acesso à tais políticas pelo cidadão. Posteriormente, o Estatuto da Cidade, veio a definir a política urbana como a que tem por "objetivo ordenar o pleno desenvolvimento das funções sociais da cidade e da propriedade urbana"[79], mediante algumas diretrizes, inclusive a de "cooperação entre os governos, a iniciativa privada e os demais setores da sociedade no processo de urbanização, em atendimento ao interesse social"[80]. Aborda-se, ainda, o surgimento das regiões metropolitanas, encarando seu propósito como dar "viabilidade ou a maior eficácia de serviços públicos em áreas compreendidas por mais de um Município"[81], conforme Paulo Branco. Nesse aspecto, observa-se a própria presença do cooperativismo na governança interfederativa dessas regiões e o papel fundamental que podem desempenhar os chamados "parlamentos metropolitanos" nessa seara. Por fim, no item 3, analisa-se criticamente a problemática da região metropolitana do Rio de Janeiro, onde, em 2018, foram constatadas 334 áreas onde a população vive em situação de carência, com déficit de habitação, segurança e infraestrutura. Acompanhando essa constatação, o então governador do Estado do Rio de Janeiro

---

[78] Art. 182, *caput*, CF/88
[79] Art. 2º, *caput*, Lei 10.257/2001
[80] Art. 2º, III, Lei 10.257/2001
[81] (2016, p. 859)

apresentou o Plano Estratégico de Desenvolvimento Urbano Integrado da Região Metropolitana (PEDUI), onde planeja-se 131 ações para o desenvolvimento desta nos próximos 25 anos. O PEDUI foi elaborado de forma conjunta, com a participação de representantes do governo estadual e do municipal, além de outros representantes da sociedade e do setor privado. As ações englobam as áreas de mobilidade, habitação, meio ambiente, saneamento, dentre outras. Nesse contexto, observa-se a importância do debate interfederativo e destaca-se que a referida região ainda não é dotada de parlamento metropolitano, encarado como ambiente político viável ao debate e às discussões de problemas comuns a uma região, sendo um instrumento eficaz na unificação de políticas públicas e no auxílio à implementação destas através de uma facilitação da cooperação entre os entes federativos. Para tanto, a metodologia a ser utilizada é de dimensão qualitativa, uma vez que adequada ao tratamento da complexidade dos fenômenos políticos e históricos, e, também, à compreensão de uma organização social, como o Estado. Será baseada no método indutivo, valendo-se de conceitos e categorias. Através de uma pesquisa descritiva do federalismo cooperativo no Brasil, repousada no estudo dos conceitos que o fundamentam e do contexto social e político que o permeiam, buscar-se-á melhor entender onde se encaixam os municípios e as regiões metropolitanas, dando especial atenção à possibilidade de criação de parlamentos metropolitanos, e o papel que estes exercem no direito urbanístico, sobretudo, tendo em vista a divisão de competências nesta matéria prevista pela Constituição Federal. Os instrumentos de análise utilizados serão de fonte documental, mediante análise de conteúdo de determinados documentos – Constituição Federal, leis, etc – e de revisão bibliográfica. A pesquisa documental será de extrema importância para o presente estudo, uma vez que, conforme Tremblay[82], este tipo de fonte favorece 6 a observação do processo evolutivo, seja de indivíduos, grupos, conceitos, conhecimentos, comportamentos, mentalidades, práticas, entre outros.

REFERÊNCIA BIBLIOGRÁFICA

BRASIL. Constituição (1988). **Constituição da República Federativa do Brasil de 1988**. Disponível em: <http://www.planalto.gov.br/ccivil_03/constituicao/constituicaocompilado.htm> Acesso em: 13 out. 2018.

BRASIL. **Lei nº 10.257, de 10 de julho de 2001**. Regulamenta os arts. 182 e 183 da Constituição Federal, estabelece diretrizes gerais da política urbana e dá outras providências. Disponível em: <http://www.planalto.gov.br/ccivil_03/leis/LEIS_2001/L10257.htm> Acesso em: 13 out. 2018.

BRASIL. **Lei nº 13.089, de 12 de janeiro de 2015**. Institui o Estatuto da Metrópole, altera a

Lei no 10.257, de 10 de julho de 2001, e dá outras providências. Disponível em: < http://www.planalto.gov.br/ccivil_03/_Ato2015-2018/2015/Lei/L13089.htm> Acesso em: 13 out.2018.

---

[82] citado por André Cellard (2012, p. 295)

BRASIL. **Lei Complementar nº 20, de 1º de julho de 1974.** Dispõe sobre a criação de Estados e Territórios. Disponível em: <http://www2.camara.leg.br/legin/fed/leicom/1970-1979/leicomplementar-20-1-julho-1974-372645-publicacaooriginal-1-pl.html> Acesso em: 13 out. 2018.

CELLARD, A. A análise documental. In: POUPART, Jean et al. **A pesquisa qualitativa**:Enfoques epistemológicos e metodológicos. 3. ed. Petrópolis: Vozes, 2012. p. 295 - 316.

CORDEIRO, Glauber de Lucena. **Regiões Metropolitanas**: O papel dos parlamentos metropolitanos na governança interfederativa do Estatuto das Metrópoles (Lei n 13.089/15).1. ed. Rio de Janeiro: Lumen Juris, 2016.

DOLHNIKOFF, Miriam. **O Pacto Imperial:** origens do federalismo no Brasil do século XIX.1. ed. São Paulo: Globo, 2005.

ELAZAR, Daniel. J. **Exploring Federalism.** 1. ed. Alabama: The University of AlabamaPress, 1991.

GOVERNO DO ESTADO ENTREGA PLANO ESTRATÉGICO METROPOLITANO. SEGOV. 2018. Disponível em: <http://www.rj.gov.br/web/segov/exibeconteudo?articleid=7307368> Acesso em: 16 out. 2018.

GRODZINS, Morton. **The American System:** a new view of government in the United States, ed. Daniel J. Elazar. Chicago: Rand McNally, 1966.

MENDES, Gilmar; BRANCO, Paulo. **Curso de Direito Constitucional.** 11. ed. São Paulo: Saraiva, 2016.

REGIÃO METROPOLITANA DO RIO TEM 334 ÁREAS ONDE PESSOAS VIVEM EM SITUAÇÃO DE CARÊNCIA. O GLOBO. 2018. Disponível em: < https://oglobo.globo.com/rio/regiao-metropolitana-do-rio-tem-334-areas-onde-pessoas-vivem-em-situacao-decarencia-22805317> Acesso em: 16 out. 2018.

RIO DE JANEIRO. **Lei Complementar nº 87, de 16 de dezembro de 1997**. Dispõe sobre a região metropolitana do rio de janeiro, sua composição, organização e gestão, e sobre a microrregião dos lagos, define as funções públicas e serviços de interesse comum e dá outras providências. Disponível em: < http://alerjln1.alerj.rj.gov.br/contlei.nsf/ bff0b82192929c2303256bc30052cb1c/eb26342129c7ae920325657100 7be153?OpenDocument> Acesso em: 13 out. 2018.

SANTOS, Ângela Moulin Simões Penalva. **Política Urbana no Contexto Federativo Brasileiro**: aspectos institucionais e financeiros. 1. ed. Rio de Janeiro: EdUERJ, 2017.

SILVA, José Afonso da. **Direito Urbanístico Brasileiro**. 6. ed. São Paulo: Malheiros Editores Ltda., 2010.

SOUZA, Celina. **Federalismo, desenho constitucional e Instituições federativas no brasil pós-1988**. Revista de Sociologia e Política. Curitiba, n. 24, p. 105-121, jun. 2005.

Made in the USA
Columbia, SC
01 September 2022

65864001R00133